시경
강의
3

회풍檜風
정풍鄭風

[큰글자책] **시경 강의 3** : 회풍·정풍

발행일 큰글자책 초판 2쇄 2024년 5월 20일

강의 우응순 | **정리** 김영죽

펴낸곳 북튜브 | **펴낸이** 박순기 | **주소** 경기도 고양시 덕양구 소원로181번길 15, 504-901

전화 070-8691-2392 | **팩스** 031-8026-2584 | **이메일** booktube0901@gmail.com

ISBN 979-11-92628-29-5 04140   979-11-92628-08-0[세트]

 책으로 만나는 인문학강의 세상

시경 강의 3

3

회풍 檜風
정풍 鄭風

우응순 강의
김영죽 정리

Booktube
북튜브

머리말

「회풍」과 「정풍」을 묶어 『시경 강의』 3권으로 내보냅니다. 여러분에게 어떻게 다가갈지, 가슴이 떨립니다. 「정풍」을 먼저 읽고 「회풍」으로 가셔도 좋습니다. 「정풍」은 화창한 봄날의 사랑으로 가득한 발라드입니다. 꿉꿉한 장마에 견딜 수 있는 힘을 주지요. 「정풍」에는 망국의 불안, 불우한 지식인의 탄식, 버림받은 여인의 비탄이 없습니다. 오직 젊은 날의 사랑으로 가득하지요. 연인 사이의 다툼, 이별은 상처가 될 만큼 깊지 않습니다. 원망이 아닌 삐짐, 투정이니까요.

 '시'는 여름에 어울립니다. 서당에서도 여름에 『시경』을 읽었다고 합니다. 나무 그늘에서 부채를 든 두세 명이 소리 내어 낭송하면서 무더위를 보냈다고요. 시냇가 탁족에도 시가 함께했지요. 『시경 강의』 3권이 여러분의 2023년 여름과 어울리길 바랄 뿐입니다.

지난 4월부터 국가 공인 '노인'이 되었습니다. 구청과 보건소에서 안내 문자가 오더군요. 매일 '발걸음 가뿐한 유쾌한 노인'이 되겠다고 마음을 다지던 차에, 국가까지 나서서 '노인'을 공인해 주니 기분이 좋지 않더군요. '내가 알아서 나이 들어 갈 테니, 내버려 둬!' 하지만 곧 반성하고 '어르신 교통카드'를 애용하고 있습니다.

『주역』상효(上爻)의 시간을 어떻게 꾸려야 할까요? 세상의 모든 일이 그렇듯이 아무리 그럴듯한 계획을 세워도 내 뜻대로 되지는 않겠지요. 순리를 따를 수밖에 없으니까요. 그래도 어리석은 마음에 이런저런 궁리를 한 적이 있답니다. 50대 초반에『공자, 최후의 20년』을 읽고 나름의 노년을 가늠했습니다. '그때가 되면 심심해질 테니, 40대부터 기웃거렸던 불교, 인도학, 뇌과학 등등을 공부할 수 있겠지. 그런데 문제는 기력, 특히 시력이다. 최대한 체력을 키워야 한다.' 내심 이런 과욕을 품고 나이 들기를 기다렸습니다. 예쁜 조각보를 만들려 한 모양입니다. 어이없고 부끄럽습니다.

그 후 에드워드 사이드의『말년의 양식에 관하여』를 읽고는 나름의 '말년의 양식'을 고심했습니다. 망동이지요. 뭐에 씌었는지 걸멋이 들었던 모양입니다. 어이없는 치기와 만용에 얼굴이 화끈해집니다.

이제 조각보는 누더기가 되었습니다. 뭘 하려고 했는지 기억도 깜깜합니다. 국가 공인 '노인'이 된 지금, 저는 수시로 부탁하고 때로는 치댈 수 있는 지인을 최대한 만들려는 야심에 매일 부산합니다. 각자도생의 시대에, 이 무슨 끔찍한 짓이냐고요? 아닙니다. 결단코, 만행이 아닙니다. 여러분도 깔끔한 노년을 계획하고 있다면 다시 생각해 주십시오. 우리는 서로 부탁하고 치대며 살 수밖에 없는 존재이니까요.

저는 매일, 매주 '인문학당 상우'의 길벗들에게 부탁하고 의지합니다. '문탁네트워크'의 학인들도 든든합니다. 변함없이 따뜻한 눈길, 맛간장, 오이지, 제철 과일로 저에게 과분한 사랑을 줍니다. 100퍼센트 치대고 있습니다. 앞으로도 그럴 생각입니다. 근래에 '인문공간 세종'으로 촉수를 뻗쳤습니다. 30, 40대 학인들의 불꽃 에너지를 따라갈 수는 없지요. 힘이 부칩니다. 멀리서 바라보며 부러워할 뿐이지요. 하지만 부탁하고 치댈 기회를 엿보면서 최대한 버려 보려 합니다. 거의 매일 3.8킬로그램의 푸들 '살구'에게도 치대고 있습니다. 호젓한 밤길을 살구와 손잡고 눈 맞추며 걸으면 야

경꾼이라도 된 듯 어깨가 펴지고 든든합니다.

부탁하고 치대면서 '발걸음 가뿐한 유쾌한 노인'으로 살수 있을까요? 발걸음이 무거워져도, 기력이 떨어져도 할 수 없지요. 그냥 이렇게 살아 보려 합니다. 골골대면서. 그래도 내 인생에서 지금처럼 건강했던 때가 없었다고 기특해하면서.

지난해 10월 말, 초고를 마무리하고 있었습니다. 계획대로 진행된 출간을 앞두고 내심 만족했지요. 하지만 늦은 밤, 붉은 글씨로 뜬 이태원 속보를 접하고는 절망했고 손힘이 풀렸습니다. 오늘은 지하차도 참사 뉴스에 다시 한번 조각보는 누더기가 되고 맙니다. 이런 세상에서 그냥 이렇게 헛헛하게 잠시 머물다 가야 하나 봅니다. 무력함과 부끄러움만 남기고.

이런저런 이유로 예정보다 많이 늦었습니다. 김영죽 선생님과 '우공이산' 팀! 고맙고, 사랑합니다. 한 달에 한 번씩 조심스럽게 안부만 물어 준 세심한 박순기 사장님, 고맙습니다.

차
례

회풍(檜風), 회 지역의 노래   17

정풍(鄭風), 정 지역의 노래   53

| 일러두기 |

1 이 책은 『시경』 「회풍」과 「정풍」 편에 대해 지은이가 강독한 내용을 담고 있습니다. 강의 녹취는 김영죽이 주도적으로 풀고 정리했으며, 〈인문학당 '상우'〉의 '우공이산' 세미나팀에서 녹취원고를 함께 읽고, 공부하고, 토론했습니다.

2 이 책에 실린 『시경』의 번역은 모두 지은이의 것입니다.

3 단행본의 제목에는 겹낫표(『 』)를, 『시경』과 『논어』 등의 편명, 노래나 영화의 제목에는 낫표(「 」)를 사용했으며 각 시의 제목에는 꺾쇠괄호(〈 〉)를 사용했습니다.

4 인명·지명 등 외국어 고유명사는 2002년 국립국어원에서 펴낸 외래어표기법을 따라 표기했습니다.

들어가며

『시경 강의』 2권을 "다음 시간부터는 「왕풍」을 읽겠습니다. 기대해 주십시오"라고 마무리했습니다. '인문학당 상우'에서 진행한 『시경』 완독 강의는 「주남」, 「소남」, 「패풍」, 「용풍」, 「위풍」을 읽고 「왕풍」, 「정풍」 순서로 읽었으니까요. 하지만 이번에 『시경 강의』 3권을 준비하면서 순서를 바꿔 「회풍」 4편과 「정풍」 21편을 묶어서 총 25편으로 3권을 꾸려야겠다고 마음먹게 되었습니다. 이런 과감한 결정을 한 연유를 간단히 말씀드리겠습니다.

고민은 원래 계획대로 「왕풍」 10편과 「정풍」 21편을 묶어서 31편으로 엮으면, 『시경 강의』 2권 못지않게 두툼한 책이 될 수밖에 없다는 현실적 이유에서 시작되었습니다. 연속해서 400페이지가 넘는 책을 읽는 것은 부담이지요. 더구나 「왕풍」은 주나라가 동천(기원전 771)한 이후, 그러니까 춘추시대 천자가 도읍한 낙양 일대의 노래입니다. 제후국이 아니라 천자의 나라에서 불린 민간가요이지요. 하지만 그 위상은 비참할 정도로 추락했습니다. 그래서 '풍'에 들어온 것입니다. 제후국과 별반 차이가 없다고…. 그렇다면 「왕풍」을 서주 초기의 노래인 「빈풍」과 묶어서 주의 흥망성쇠를 보여 주는 것이 더 좋지 않을까, 하는 과감한 생각까지 하게 되었습니다. 후한의 학자 정현(鄭玄)이 『시보』(詩譜)에서 「위풍」 다음에 「회풍」과 「정풍」을 배치했고, 「빈풍」 다음에 「왕풍」으로 '풍'을 마무리한 예도 있으니까요.

『모시정의』(毛詩正義)를 편찬한 공영달(孔穎達)은 『시경』 국풍의 편찬 순서에 대해 이렇게 말했답니다. '「주남」과 「소남」은 국풍의 정경이므로 처음이 되어야 하지만 「위풍」 이하 10여 개의 풍은 옛날부터 선후를 정한 것이 분명한 설명이 없고, 공자께서 돌아가신 지도 오래되어 알기가 어렵다.' 사실 그렇습니다. 현재 15개 국풍은 주나라 초기에 무왕이나 성왕에 의해 봉해진 제후국의 순서로 되어 있지 않습니다. 물론 시가 지어진 시대 순서도 아닙니다. 당시 국가의 위상도 아니고, 심지어 '풍'에는 노나라, 송나라의 노래는 없지요. 왜냐고요? '송'(頌)을 풀 때 말씀드리겠습니다.

순서를 바꾸는 것이 좋겠다고 생각한 또 다른 이유는 「위풍」과 「정풍」의 노래를 '음성'(淫聲), 다시 말해 자유분방한 연애시로 보는 오랜 독법 때문입니다. '난세의 노래'[亂世之音]라고도 하는데, 그렇다면 「위풍」 다음에 「정풍」을 이어서 읽는 것도 좋겠지요? 그럼 「회풍」은 왜? 「회풍」과 「정풍」은 같은 지역의 노래입니다. 같은 제목의 작품도 있답니다. '회'(檜)는 정나라가 멸망시킨, 진수와 회수 사이에 있던 작은 제후국입니다. 『시경 강의』 2권에서 '패'와 '용' 지역이 '위'에 병합되었는데, 「패풍」·「용풍」을 「위풍」 앞에 배치했지요. 「당풍」(唐風) 앞에 「위풍」(魏風)이 있는 것도 같은 경우랍니다. 모두 '진'(晉)의 노래거든요. 이런 예도 있고 해서 「회풍」을 「정풍」 앞에 넣어서 아담하게 3권을 꾸리게 되었습니다.

현재 『시경』 '국풍'은 15개 지역의 노래로 분류되어 있고, 일반적으로 읽는 순서와 각 편의 작품 수는 다음 페이지의 표와 같습니다. 『모시』와 『시경집전』을 '통용본'이라 부르기도 하는데 두 책은 편찬 순서가 같습니다. 대부분의 학자들이 공자가 산정하면서 정한 순서라고 추정하지만 이 역시 무슨 근거가 있는 것은 아닙니다.

'국풍' 중에 「주남」과 「소남」을 '정풍'(正風)이라 하여 천하를 교화하는 데 큰 도움이 되는 바른 음악, 노래라고 한답

『시경』 통용본의 편제

편명	작품 수	구분
주남(周南)	11	정풍 (正風)
소남(召南)	14	
패풍(邶風)	19	변풍 (變風)
용풍(鄘風)	10	
위풍(衛風)	10	
왕풍(王風)	10	
정풍(鄭風)	21	
제풍(齊風)	11	
위풍(魏風)	7	
당풍(唐風)	12	
진풍(秦風)	10	
진풍(陳風)	10	
회풍(檜風)	4	
조풍(曹風)	4	
빈풍(豳風)	7	
총 작품수	160	

니다. 집안, 마을, 나라에서 두루 연주하고 노래하면 효과가 크다고요. 그 외 노래는 '변풍'(變風)으로 약간 문제는 있지만 세태를 파악하고 감계(監戒)에 도움이 되기 때문에 악사에게 연주하게 했다고 합니다.

아휴, 뭐 이리 복잡하게…. 그렇습니다. 21세기의 우리는 그냥 펼쳐서 읽고 여러 차례 낭송하면서 즐기면 됩니다.

마음에서 일어나는 파동을 섬세하게 느끼면서…. '좋다! 어쩜 내 맘과 같구나' 하는 감흥이 일어난다면 그것으로 충분하지요.

그래도 부언하자면, 기원전 544년에 오나라 계찰(季札)이 노나라를 예방한 일이 있었지요. 관련 자료가 『춘추좌씨전』 노 양공 29년, 『사기』 권31 「오태백세가」에 남아 있답니다. 빠른 속도로 발전하고 있던 남방의 오나라 출신인 계찰은 중원 나라의 '예악'(禮樂)에 관심이 많았습니다. '북학'(北學), 북쪽 나라의 문물을 배워야 한다는 문명의식이 강했으니까요. 그래서 '주악'(周樂), 주나라의 음악을 듣기를 원했고, 그를 위해 악사(樂師)가 순서에 따라 연주했다는 기록이 있습니다. 그에 따라 계찰은 일일이 비평을 남겼습니다.

이때 계찰을 위해 노나라 악사가 연주한 순서는 주남, 소남, 패, 용, 위(衛), 왕, 정, 제, 빈, 진(秦), 위(魏), 당, 진(陳), 회, 조입니다. 지금 통용본의 순서와 비교해 보면 「주남」부터 「제풍」까지는 같지만 그 이후는 다르답니다. 마지막에 있는 「빈풍」이 「진풍」(秦風) 앞으로 와 있지요.

정현의 『시보』 순서를 볼까요? 주남, 소남, 패, 용, 위(衛), 회, 정, 제, 위(魏), 당, 진(秦), 진(陳), 조, 빈, 왕으로 「정풍」 앞에 「회풍」이 있고, 「빈풍」 다음에 「왕풍」으로 15 국풍이 마무리됩니다.

왜 이렇게 달라졌을까요? 『모시정의』에서 공영달도 이 문제를 고민했지만 뾰족한 해법을 찾지는 못했습니다. 그는 공자가 이런저런 요인들(제후국의 분봉 시기와 크기, 그리고 정치 상황, 시 내용의 수준)을 짐작해서 계찰이 들은 순서를 지금 통용본처럼 변경했을 것이라고 봅니다. 설명이 장황해졌습니다. 결국, 우리의 결론도? '그 누구도 확실히 알 수 없다, 「회풍」과 「정풍」을 묶어서 읽어도 괜찮겠다'입니다.

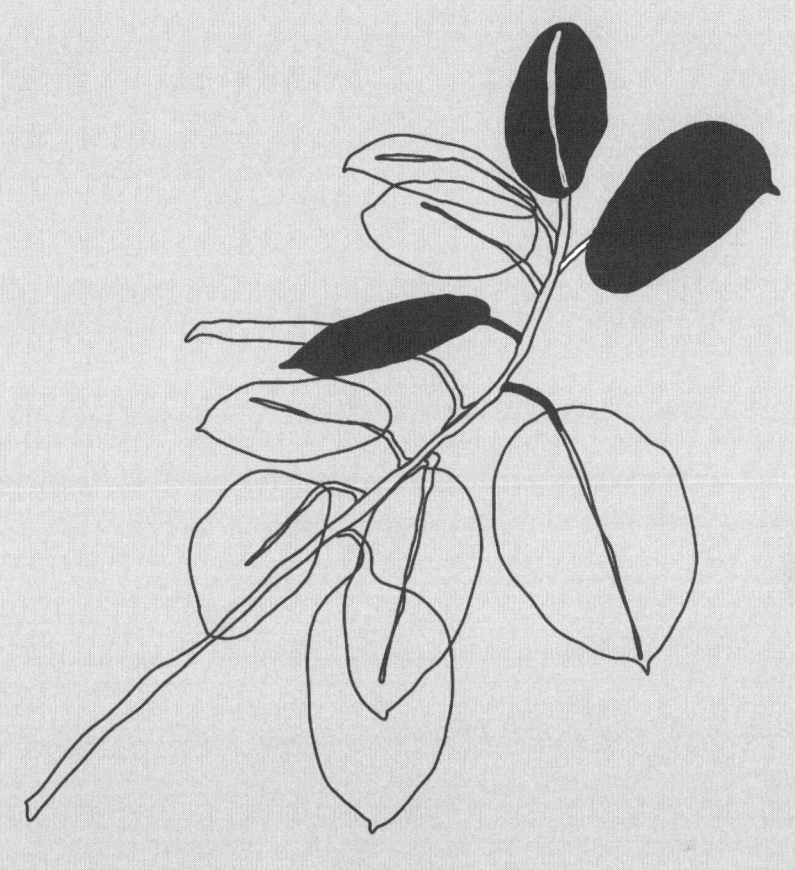

회풍
檜風

,

회 지역의 노래

「회풍」으로 묶인 4편의 작품, 〈고구〉, 〈소관〉, 〈습유장초〉, 〈비풍〉을 보겠습니다. '회'(檜)는 나라 이름으로 문헌에는 '회'(鄶)로도 나옵니다. 고신씨(高辛氏: 오제 중 세번째 왕인 제곡帝嚳) 시대의 화정(火正)이었던 축융(祝融)의 후예에게 봉해 준 나라였다고 전합니다. '화정'은 불을 관리하고 화성(火星)에 제사 지내는 것을 관장했던 직책이지요. 봉해 준 사람은? 주(周)를 세운 무왕입니다. 순(舜)의 후손을 진(陳)에 봉해 준 것도 무왕이지요. 축융이 살았던 곳은 지금의 하남성 일대라고 합니다. 진(溱)과 유(洧), 두 강 사이지요.

정나라의 시작은 『사기』 권42 「정세가」를 보면 나옵니다. 주 선왕(宣王)이 왕위에 오른 지 22년 후에 동생 희우(姬友)에게 '정'(서주 기내의 읍)을 봉지로 주어 정 환공(鄭桓公)으로 삼았다고 하네요(기원전 806). 그러니까 정 환공은 주 여왕(厲王)의 아들이자 유왕(幽王)의 숙부이기도 한 것이지요.

정 환공은 제후가 된 후에 다시 유왕의 사도(司徒)가 되어 왕실에서 근무합니다. 하지만 유왕과 포사(褒姒)의 정치에 위험을 감지하고 봉지를 기내 밖으로 옮기려 하지요. 이때 괵(虢)과 회(檜)에서 10개의 읍(邑)을 내놓아 이전 봉지의 백성들을 이주시키고 그곳을 다시 '정'이라고 합니다.

정 환공이 도성 호경(鎬京)을 떠난 2년 후에 그의 예상대

로 견융이 주 유왕을 죽이고 이때 정 환공도 죽습니다(기원
전 771). 이렇게 서주(西周)시대는 마감합니다. 제후의 자리는
환공의 아들 무공(武公)이 계승했는데, 그는 회를 정복하고
회수와 유수 사이 지역으로 도읍을 옮깁니다(기원전 769).

소동파는 '회시는 모두 정나라가 된 뒤에 지어진 작품으
로 「패풍」, 「용풍」이 위나라 노래인 것과 같다'고 했답니다.
물론 주자는 소동파의 말이 옳은지는 알 수 없다고 했지만
요. 공영달은 서주시대 이왕(夷王: 9대), 여왕(厲王: 10대) 때의
작품일지도 모른다고 했으니까요.

그런데, 왜 「회풍」의 시를 「정풍」과 합치거나 나란히 놓
지 않았을까요? 우리는 이런 질문을 「패풍」, 「용풍」을 읽을
때도 했지요. 여기에는 두 가지 설이 있습니다. 첫째, 「회풍」
에 수록된 노래는 정나라에 합병되기 전부터 민간에서 부
른 오래된 노래일 것이다. 둘째, 노래 스타일, 곡조가 달랐을
것이다, 그래서 별도로 「회풍」으로 묶었다. 이런저런 추정이
가능하지만 정확한 이유는 알 수 없지요. 하지만 이 책에서
「회풍」과 「정풍」을 묶은 이유는 분명합니다. 같은 지역에서
부른 노래이기 때문이지요. 부담스런 분량을 무릅쓰고 「패
풍」, 「용풍」을 「위풍」과 묶어서 『시경 강의』 2권으로 꾸렸던
것과 같지요. 이제 본격적으로 「회풍」의 시들을 보겠습니다.

1. 고구 羔裘

羔裘逍遙 狐裘以朝
고 구 소 요 호 구 이 조

검은 양가죽 옷을 입고 놀고,
여우가죽 옷으로 조회하네.

豈不爾思 勞心忉忉
기 불 이 사 노 심 도 도

어찌 그대를 그리워하지 않으리오.
괴로운 마음 쓰리고 아프다네.

羔裘翶翔 狐裘在堂
고 구 고 상 호 구 재 당

검은 양가죽 옷을 입고 놀고,
여우가죽 옷으로 공당에 있네.

豈不爾思 我心憂傷
기 불 이 사 아 심 우 상

어찌 그대를 그리워하지 않으리오.
내 마음 근심으로 아프다네.

羔裘如膏 日出有曜
고 구 여 고 일 출 유 요

검은 양가죽 옷 윤기 나니,
햇빛에 더욱 반짝이네.

豈不爾思 中心是悼
기 불 이 사 중 심 시 도

어찌 그대를 그리워하지 않으리오.
내 마음 하염없이 슬프다네.

　　우선, 『시경』에는 〈고구〉(羔裘)라는 제목의 시가 세 편 있습니다. 「정풍」, 「당풍」, 「회풍」에 있는데요, 「회풍」의 〈고구〉, 이런 식으로 나라 이름을 붙여서 구별해 주십시오. 시의 내용은 각각 다릅니다.

「회풍」의 〈고구〉는 A-A'-A"의 단순한 형식으로 되어 있군요. 〈고구〉의 '고'(羔)는 '어린 양', '검은 양'인데요, '염소'라고 풀기도 합니다. '구'(裘)는 '갖옷'인데, 대부 등 지배층 남성들이 입었던 가죽옷이지요. '고구'는 '검은 양가죽으로 만든 걸옷'입니다. 지금도 멋쟁이 패션인 '블랙 수트'라고 보면 됩니다. 『논어』「향당」을 보면 공자님도 '고구', '예구'(麑裘), '호구', 세 벌을 가지고 검은 옷, 흰 옷, 누런 옷에 매치해서 입으셨지요. '예구'는 사슴가죽으로 만든 갖옷이랍니다.

주자는 '구설'(舊說), 즉 「모시서」의 해석을 받아들여, '회나라 군주가 의복을 차려입고 소요하며 놀면서 잔치하기를 좋아하고 정치에 힘쓰지 않는 것을 시인이 근심한 것'이라고 보았습니다. 이렇게 보면 〈고구〉는 정치를 방치하고 유희에 빠진 군주를 걱정하는 시인의 작품이 됩니다. 물론 회나라 군주가 누구인지 등의 자료는 남아 있지 않습니다.

① 羔裘逍遙 狐裘以朝 豈不爾思 勞心忉忉

'고구소요 호구이조'에서 '고구'는 검은 양가죽 옷이고 '호구'는 여우가죽 옷입니다. 지금 작품 속 인물은 회나라 군주이지요. 그는 '고구'를 입고 '소요'(逍遙), 어슬렁거리며 놀고, '호구'를 입고 조회[朝]를 하는군요. 뭐가 문제일까요? 멋을 낼 줄 아는 남성인 것 같은데…. 제후가 공식 복장을 때에 맞게 챙겨 입지 않은 것이 문제랍니다. 제후의 조복(朝服)은 '치의고구'(緇衣羔裘)입니다. 당시 의례(儀禮)에 의하면 제후들은 검은 옷에 검은 양가죽 옷을 덧입고 조회를 봐야 합니다. '검은 비단 치'(緇)로 '치의'는 검은 비단옷을 말합니다. 그런데 지금 이 사람은 제후이면서 '고구'를 입고 놀러 다니는군요. 조회를 볼 때는 '호구'를 입고요. 이것도 문제입니다. '호구'는 천자를 조회할 때의 공식 복장이거든요. '금의호구'(錦衣狐裘)라고 하는데요, 비단옷에 여우가죽 옷을 입는 것입니다. 그런데 이런 복장 규정을 어기고 제멋대로 옷을 입고 있으니, 예의를 생각하지 않는 사람이지요. 제후가 이렇다면? 그렇습니다. 그의 정치도 알 만하지요.

'거닐 소'(逍), '멀 요'(遙)가 합쳐진 '소요'를 보고 『장자』 「소요유」(逍遙遊)가 생각나신 분들 많으실 겁니다. 『장자』의 주제 중의 하나가 '유'(遊), '놀다 가자'인데, '소요'는 특정한 목적 없이 '한가히 거니는 것'입니다. 권력과 부귀영화를 버린 자유로운 사람의 삶이지요. 그런데 군주가 나라의 공사를 방치하고 놀러 다니고 잔치[宴]를 일삼다니, 한숨이 저절로 나오네요.

'기불이사 노심도도'에서 '기'(豈)는 '어찌', '이'(爾)는 '너', '사'(思)는 '생각하다'입니다. 『시경』에서 '사'(思)는 해석하지 않는 허사로 쓰이는 경우가 많지요. 하지만 여기서는 '사'(思)를 풀어서 '어찌 그대를 생각하지[思] 않겠는가?'라고 해석합니다. 시인이 향락에 빠진 군주를 보면서 나라의 앞날을 걱정하는 것이지요. '노심도도'(勞心忉忉)는 '노심초사'(勞心焦思)와 같은 표현인데요. '근심할 도'(忉)로 '도도'는 근심이 깊은 것입니다.

② 羔裘翱翔 狐裘在堂 豈不爾思 我心憂傷

'고구고상 호구재당'에서는 1장의 '소요'가 '고상'(翱翔)으로 바뀌었네요. '고'(翱)는 '날다'이고 '상'(翔)은 '가볍게 날아오르다'라는 뜻으로, '고상'은 새가 바람을 타고 위로 솟구쳐 날아오르는 모습이지요. 하지만 여기서 '고상'은 '소요'와 같습니다. '호구재당'의 '집 당'(堂)은 '공당'(公堂)으로 신하들과 국정을 의논하는 장소입니다. '고구'가 아닌 '호구'를 입고 국정을 논하고 있다니, 이것은 무슨 뜻일까요? 천자를 우습게 보는 것입니다. 나는 천자에게 조회 가는 제후가 아니라는 공

개 선언이지요. 당시 약소국이 살아남는 유일한 방법은 천자의 우산 아래 머무는 것이었는데요. 아무리 힘이 약해졌어도 천자는 천자였으니까요. 춘추 초기에는 제후국 사이에 '존주'(尊周) 의식이 남아 있었거든요. 그런데 회의 군주는 이마저도 무시하는군요.

'기불이사 아심우상'. '노심도도'가 '아심우상'이 되었군요. '우상'(憂傷)은 '마음의 걱정이 깊은 상태'입니다. 망국의 길로 가는 군주를 바라보는 시인의 마음이 고통과 서러움으로 가득합니다.

③ 羔裘如膏 日出有曜 豈不爾思 中心是悼

<고구>의 마지막 장을 볼까요. '고구여고, 일출유요'는 앞의 두 구와 다르군요. '고'(膏)는 '기름'인데 양가죽 옷이 반들반들 기름칠을 한 듯 광택이 나네요. 최고급 명품을 입었으니까요. '일출유요'에서 '요'(曜)는 '빛날 요'로 해가 뜨면 '고구'가 더욱 빛이 나는 모습을 그리고 있습니다. 눈이 부시죠. '요'는 '요일'(曜日)에도 쓰이는 글자입니다. 우리는 매일 '오늘은 무슨 요일이지?' 하면서 스케줄을 확인하지요.

'고'(膏)라는 글자가 나왔으니, 이 글자의 다른 뜻도 이야

기해 볼까요. '고'는 '기름', '윤이 나다', '살이 찌다'라는 뜻도 있지만, '임금이 내려준 은택'이란 의미도 있어요. 또 신체의 특정 부위를 말하기도 합니다. '천석고황'(泉石膏肓)이란 말이 있지요? 산수 자연[泉石]을 좋아하는 벽(癖)이 있어서 그 병이 신체 깊은 곳인 고황까지 침투한다는 뜻입니다. '고'(膏)는 심장 아래 부분으로, 그곳에 기름이 가장 많다고 하고요. '황'(肓)은 갈빗대 사이에 있는 지점이에요. 한의학에서는 병이 '고황'까지 들어갔으면 못 고친다고 하죠. 그래서 '천석고황'은 자연을 좋아하는 병이 고칠 수 없을 정도로 깊다는 말입니다. 산수시(山水詩)에 특히 많이 등장하는 단어고요. 퇴계 선생의 「도산십이곡」(陶山十二曲) 1장에도 '천석고황'이 나옵니다.

이런들 엇더ᄒ며 뎌런들 엇더ᄒ료.
초야우생(草野愚生)이 이러타 엇더ᄒ료.
ᄒ믈며 천석고황(泉石膏肓)을 고려 므슴ᄒ료.

품격이 배어나오는 시조(時調)입니다. 퇴계 선생님이 남기신 1000여 편의 한시는 품격이 높습니다. 삶, 학문, 문학, 모든 방면에서 최고의 수준에 도달하신 대단한 분이지요.

'고'의 용례로 '고약'(膏藥)이란 단어도 있습니다. 나이가 있으신 분들은 '이명래 고약'이라고 들어 보셨을 텐데요. 제가 초등학교 다닐 때 한창 볼거리가 유행했는데, 그때 한 반에 두세 명은 꼭 한쪽 볼에 넓게 이명래 고약을 떡하니 붙이고 학교에 왔습니다. 저도 3학년 봄에 앓은 적이 있는데, '창피하다. 고약을 붙이고는 학교에 갈 수 없다!'면서 아주 심하게 반항을 한 기억이 있네요. 물론 100퍼센트 출석을 지상명령으로 여기셨던 어머니께 욕을 바가지로 먹었지요. '어린 것이 걸멋만 들었다고….'^^ 지금은 고약을 붙이고 다니는 아이들이 없지요? 예방접종을 하니까 그럴 일이 없지요. 이처럼 '고' 자의 용례는 다양합니다.

'기불이사 중심시도'. 여기서 '중심'(中心)은 '마음'이고 '도'(悼)는 '슬퍼하다'입니다. 문상 가서 '삼가 애도(哀悼)를 표합니다'라고 할 때의 그 '도' 자이지요. 지금 〈고구〉를 노래하는 시인의 마음은 '충간'(忠諫)을 외면하고 향락에 빠진 군주 때문에 애가 타고 한없이 슬픕니다. 결국 회나라는 정 무공에게 멸망당했지요. 저는 「회풍」의 〈고구〉를 '망국의 노래'[亡國之音]라고 봅니다. 애잔하고 서글프지요.

2. 소관 素冠

庶見素冠兮
서 견 소 관 혜

흰 관을 쓴 사람을
볼 수 있을까

棘人欒欒兮 勞心慱慱兮
극 인 란 란 혜 노 심 단 단 혜

상주는 여위고 수척할 텐데.
고달픈 마음, 근심이 가득하여라.

庶見素衣兮
서 견 소 의 혜

흰 옷을 입은 사람을
볼 수 있을까

我心傷悲兮 聊與子同歸兮
아 심 상 비 혜 료 여 자 동 귀 혜

내 마음 상하고 슬프니
그대와 함께 떠나리라.

庶見素韠兮
서 견 소 필 혜

흰 무릎가리개 한 사람을
볼 수 있을까

我心蘊結兮 聊與子如一兮
아 심 온 결 혜 료 여 자 여 일 혜

내 마음 슬픔으로 가득 찼으니
그대와 함께하겠노라.

무슨 내용일까요? 누군가를 보고 싶다고 하고, 떠나겠다고도 하네요. 이 시에서 '소관', '소의', '소필'은 모두 상주의 흰 복장입니다. 지금이야 모두 검은 옷을 입지만요. 주자는 마땅히 행해야 할 삼년상(三年喪)이 사라진 시대를 가슴 아파하고 풍자하는 작품으로 봅니다. 작중 화자는 '현자'(賢者), 이치를 아는 사람입니다. 국가와 사회의 위기는 어떻게 감지할 수 있을까요? 신분사회에서는 신분에 따라 마땅히 지켜야 할 예의와 법도가 무너지면 나라가 위태롭습니다. 제도가 작동하지 않으니까요. 이 시에는 부모의 삼년상을 하지 않는 상황을 위기로 보고 있지요.

① 庶見素冠兮 棘人欒欒兮 勞心慱慱兮

'서견소관혜'의 '서'(庶)는 뜻이 많습니다. 나올 때마다 사전을 찾아서 확인해 주십시오. 한문 공부의 영원한 친구이자 가이드는 사전이지요. 모든 어학이 그렇듯이…. '서'(庶)는 '서민'(庶民)이라는 단어로 익숙하지요. 이 시에서 '서'는 부사로 '행여'[幸]입니다. 그래서 '서견'은 '행여[庶] ~를 볼 수 있을까[見]'가 됩니다. '소관'(素冠)은 흰 관에 흰 테를 두른 것으로 대상(大祥)을 지낸 후에 쓰는 관을 말합니다. 지금이야 삼일장(三日葬)을 지내고 삼우제(三虞祭)에 가서 탈상하기 때문에 소상(小祥), 대상이란 단어를 들을 기회조차 없지요. 통상적으로 돌아가신 지 1년 후에 지내는 제사를 소상, 2년 후의 제사를 대상이라 합니다. 상례(喪禮)에 의하면 13개월 후에 지내는 제사가 '소상'이고 25개월 후의 제사가 '대상'입니다. 여기에서는 삼년상을 행하는 사람을 만날 수 없는 세상이 된 것을 탄식하는 것이지요.

'극인란란혜'의 '극인'(棘人)이라는 단어는 생소하군요. '가시나무 극'(棘)이지만 여기서는 '서두르다', 혹은 '급하다'[急]입니다. '극인'은 '마음이 급해서 일을 서두르는 사람'인데요, 바로 상주(喪主)를 말합니다. 초상을 치를 때에는 마음은 슬픔으로 가득하지만 챙길 일도 많지요. 빈틈없이 이일 저 일을 챙기려니 마음이 분주합니다. 부모님 가시는 길에 상례에 맞게 정성을 다해 보내드리고 싶으니까요. 그 심정을 어찌 다 표현할 수 있겠어요? '란'(欒)은 '모감주나무 란'자인데요, '란란'은 형용사로 상주의 수척한 모습[瘠貌]이지요. 지금 작중화자[賢者]는 흰 관을 쓴 수척한 상주를 만나고 싶어 합니다. 상례를 지키는 사람이 있다면 그래도 이 나라에 희망이 있는 것이니까요.

전근대에는 부모상을 당했을 때 상주는 먹는 것에도 정해진 스케줄이 있었습니다. 처음에는 물도 마시지 않다가, 일정한 시간이 지나면 물을 마시고, 미음을 먹고, 가장 나중에 밥을 먹지요. 요새야 '바로!' 국밥을 먹지만 말입니다. 지금은 이러한 예법을 제대로 아는 사람도 지키는 사람도 없지요. 상조회 분들이 하라는 대로 기계적으로 따라 움직일 뿐입니다. 어쩌겠어요. 이런 세상이 되고 말았으니.

자, 다음 구절을 볼까요? '노심단단혜'에는 <고구>의 '노심'이 다시 나왔군요. 마음이 고달프고 힘든 것이 '노심'이지요. '단단'은 '근심할 단'(慱)이 형용사가 되어 '근심하는 모습'을 나타내는 말이 됩니다. '노심도도'와 '노심단단'은 같은 표현이지요. 마음이 지쳐서 고단해질 지경까지 걱정하고 근심하고 있군요.

② 庶見素衣兮 我心傷悲兮 聊與子同歸兮

'서견소의혜', 여기서 '소의'(素衣)는 '흰 상복'입니다. '흴소'(素)는 흰 비단이고요. '소'는 타고난 바탕을 뜻하는 '소질'(素質)이라는 말에도 쓰이지요. '아심상비혜'는 이렇게 흰 상복을 입은 상주를 볼 수 없는 세상이 되었으니 내 마음이 아프고 슬프다는 뜻입니다. 시인은 삼년상이 사라진 세상에 절망합니다. 예법, 제도가 무너진 것이니까요. 누가 나라를 보전하고 지키려 하겠어요. 그냥 내부에서 스스로 붕괴되고 말지요.

'료여자동귀혜', '애오라지 료'(聊) 자가 나오는군요. 여기서 '료'는 부사로 '잠깐 차'(且), '다만 단'(但)과 같은 뜻입니다. 지금 작중 화자는 변모한 세태를 슬퍼하고 나라의 안위를 걱정합니다. 한 개인의 힘으로는 바꿀 수가 없지요. '시운'(時運)이 그런 걸 어쩌겠어요. 하지만 그래도 끝까지 기대의 끈을 놓지 않습니다. 그래서 말합니다. 그런 사람을 만나게 된다면 그와 같이하겠다고. 암담한 시대일수록 뜻을 같이하는 사람이 절실하지요. 「패풍」〈북풍〉의 화자는 "내가 사랑하고 나를 좋아하는 그대와 손잡고 함께 돌아가리"(『시경 강의』2, 175쪽)라고 했지요. 같은 심정입니다.

③ 庶見素韠兮 我心蘊結兮 聊與子如一兮

'서견소필혜'에서 '소필'은 상주가 무릎에 대는 '흰 슬갑'입니다. '필'(韠)은 '슬갑 필' 자인데요. 슬갑(膝甲)은 바지 위에 덧입는 무릎 덮개입니다. 영화나 TV 사극에서 장군들이 무릎 아래까지 내려오는 앞치마를 두르고 있지요. 이제, '아! 슬갑을 했구나' 하십시오. 상주는 흰 옷(素衣)에 흰 치마(素裳)를 입으니 슬갑도 당연히 희겠지요. 작중 화자는 흰 슬갑을 한 사람을 보았으면 합니다.

'아심온결혜'에서 '온결'(蘊結)은 '쌓을 온'(蘊), '맺을 결'(結)로 무언가가 두텁게 쌓인 것을 말합니다. 여기서는 가슴이 답답한 상태이지요. '울결'(鬱結)과 같은 뜻입니다. 당연히 근심에서 벗어날 수 없지요. '온'(蘊) 자의 용례로 '온축'(蘊蓄)이 있는데요. 주로 내면의 덕이 두텁게 쌓인 것을 말합니다. 이런 분들을 뵈면 덕의 빛이 분출되어 눈부시지요. 네, 인격미(人格美), 아우라(aura)입니다.

'료여자여일혜'에는 앞의 장에서도 나왔던 '료'(聊) 자가 나왔네요. '잠깐', '다만'의 의미라고 말씀을 드렸죠. 이런 상황에서 할 수 있는 일은? 뜻을 같이하는 사람과 같이하는 것이지요. '여일'(如一)은 '마음과 행동을 같이한다'는 것으로 앞의 '동귀'(同歸)와 같습니다.

3장 3구로 되어 있는 〈소관〉을 읽었습니다. 간단한 작품이지만 삼년상과 관련해서 풀기 때문에 주자는 작품 뒤에 긴 후기를 남겼습니다. 『논어』 「양화」에 나오는 공자와 재아의 대화에서 시작해서 「모전」(毛傳)까지 인용해서 내용이 복잡합니다. 이런 글을 만날 때마다 '읽고 가야 하나?' 망설이게 됩니다. 번호를 붙여 읽어 보겠습니다. 역시 '상례가 나오니 번잡하군' 하는 생각이 드시면 바로 다음 시 〈습유장초〉

로 건너가시면 됩니다.

① 상례를 살펴보면 '아버지를 위하고 군주를 위하여 참최 삼년복을 입는다'라고 하였다.

按喪禮 爲父爲君 斬衰三年.
안 상 례 위 부 위 군 참 최 삼 년

② 옛날에 재여가 상기(喪期)를 단축하려고 하자, 공자께서 말씀하셨다. "자식이 태어나고 삼년이 지난 뒤에야 부모의 품에서 벗어나는데, 재여에게는 그 부모에 대한 삼년의 사랑이 있는가? 삼년상은 천하의 공통된 상례이다."

昔, 宰予欲短喪.
석   재 여 욕 단 상
夫子曰: "子生三年, 然後免於父母之懷. 予也
부 자 왈   자 생 삼 년   연 후 면 어 부 모 지 회   여 야
有三年之愛於其父母乎? 三年之喪 天下之通喪也."
유 삼 년 지 애 어 기 부 모 호   삼 년 지 상 천 하 지 통 상 야

③-1 「모전」에서 말하였다. 자하가 삼년상을 마치고 공자에게 인사드리고 거문고를 당겨 타는데 화락하고 즐겁게 연주하고서 일어나 말하였다.

"선왕이 만든 예이기 때문에 감히 삼년상을 미치지 않을 수 없었습니다."

공자가 말씀하셨다. "군자로다."

傳曰: 子夏三年之喪畢, 見於夫子, 援琴而弦,
전왈　자하삼년지상필　현어부자　원금이현
衎衎而樂, 作而曰: "先王制禮. 不敢不及."
간간이락　작이왈　선왕제례　불감불급
夫子曰: "君子也."
부자왈　군자야

③-2 민자건이 삼년상을 마치고 공자에게 인사드리고 거문고를 당겨 타는데, 절절하고 서글프게 연주하고서 일어나 말하였다.

"선왕이 만든 예이기 때문에 감히 삼년을 넘길 수가 없었습니다."

공자가 말씀하셨다. "군자로다."

閔子騫三年之喪畢, 見於夫子, 援琴而弦, 切切而哀,
민자건삼년지상필　현어부자　원금이현　절절이애
作而曰: "先王制禮. 不敢過也."
작이왈　선왕제례　불감과야
夫子曰: "君子也."
부자왈　군자야

③-3 자로가 말했다.

"감히 묻겠습니다. 왜 그렇게 말씀하셨습니까?"

공자께서 말씀하셨다. "자하는 슬픔이 이미 다했으나 연장하여 예를 다했다. 그래서 군자라고 한 것이다. 민자건은 슬픔이 아직 남아 있지만 예에 따라 스스로 절제하였다. 그래서 군자라고 한 것이다."

子路曰: "敢問何謂也?"
자로왈　감문하위야

夫子曰: "子夏哀已盡, 能引而致之於禮. 故曰: 君子也.
부자왈　자하애이진　능인이치지어례　고왈　군자야

閔子騫哀未盡, 能自割以禮. 故曰: 君子也."
민자건애미진　능자할이례　고왈　군자야

④ 삼년상은 어진 사람은 힘들이지 않고 할 수 있는 일이고
불초한 사람은 힘써서 하는 일이다.

夫三年之喪, 賢者之所輕, 不肖者之所勉.
부삼년지상　현자지소경　불초자지소면

막상 읽고 나니 설명해야 할 내용이 많군요. 우선 주자
는 부모와 군주를 위하여 참최복(斬衰服)을 3년 입는 것이 원
칙이라고 합니다. '벨 참'(斬)은 여기서는 상복의 가장자리를
가지런하게 정리하지 않았다는 뜻입니다. '쇠할 쇠'(衰)는 상
복이란 뜻으로 쓰일 때는 '최'라고 읽는데요, '참최'는 '상복'
의 통칭이지요.

②는『논어』「양화」에 나오는 공자와 재여의 삼년상에
대한 문답 중의 일부입니다. 두 사람의 문답도 분량이 꽤 되
지만 삼년상에 관한 중요한 글이니 읽고 가겠습니다. 인용
문에서 나오는 재아는 재여와 같은 인물입니다. 재여의 자
가 자아(子我)라서 재아라고도 하지요.

재아가 물었다.

"삼년상을 치르고 있는데, 일년상도 충분히 깁니다. 군자가 삼년 동안 예를 행하지 않으면, 예가 반드시 무너지고, 삼년 동안 음악을 연주하지 않으면, 음악이 반드시 무너질 것입니다. 일년이면 묵은 곡식은 다 없어지고 햇곡식이 나오며, 불씨를 얻는 부시나무도 다시 바뀝니다. 그러니 일년이면 그만해도 됩니다."

공자께서 말씀하셨다.

"부모 상중에 쌀밥을 먹고 비단옷을 입는 것이 너는 편안하냐?"

재아가 대답했다.

"편안합니다."

"네가 편안하다면 그렇게 해라. 군자가 상을 치를 때는 맛있는 것을 먹어도 맛이 없고, 음악을 들어도 즐겁지 않으며, 집에 있어도 편안하지 않기 때문에 그렇게 하지 않는 것이다. 지금 네가 편안하다면 그렇게 해라!"

재아가 밖으로 나갔다.

공자께서 말씀하셨다.

"재아는 어질지 않구나! 자식은 태어난 지 삼년이 지난 뒤에야 부모의 품에서 벗어난다. 삼년상은 천하에 공통된 상

례인데, 재여에게는 그 부모에 대한 삼년의 사랑이 있는 가?"『논어』「양화」

宰我問 : "三年之喪, 期已久矣. 君子三年不爲禮,
재아문　삼년지상　기이구의　군자삼년불위례

禮必壞；三年不爲樂, 樂必崩. 舊穀旣沒, 新穀旣升,
예필괴　삼년불위악　악필붕　구곡기몰　신곡기승

鑽燧改火, 期可已矣."
찬수개화　기가이의

子曰 : "食夫稻, 衣夫錦, 於女安乎?"
자왈　식부도　의부금　어여안호

曰 : "安."
왈　안

"女安則爲之! 夫君子之居喪, 食旨不甘, 聞樂不樂,
여안즉위지　부군자지거상　식지불감　문악불락

居處不安, 故不爲也. 今女安, 則爲之!"
거처불안　고불위야　금여안　즉위지

宰我出.
재아출

子曰 : "予之不仁也! 子生三年,
자왈　여지불인야　자생삼년

然後免於父母之懷. 夫三年之喪, 天下之通喪也.
연후면어부모지회　부삼년지상　천하지통상야

予也有三年之愛於其父母乎?"
여야유삼년지애어기부모호

그렇습니다. 공자도 부모의 삼년상은 천하의 공통된 상례라고 말합니다. 그런데 제자 재여가 일년상으로 줄이는 것이 좋겠다고 하니, "네가 편하면 그렇게 하라"고 했지만 '불인'하다고 탄식하신 겁니다. 이런 걸 보면 공자가 '삼년상'은 천하의 통례라고 했지만 정작 공자의 제자조차 힘겨워했다는 것을 알 수 있지요.『논어』와 앞의 주자의 후기를 비교해 보면 주자가 "삼년상은 천하의 공통된 상례이다"[夫三年之喪 天下之通喪也]와 "재여에게는 그 부모에 대한 삼년의 사랑이 있는가?"[予也有三年之愛於其父母乎?]의 문장 순서를 바꾼 것도 눈에 띕니다.

③의 글은 주자가 『모시』의 〈소관〉 3장의 전(傳)을 인용한 것입니다. 등장인물은 공자와 자하, 민자건, 자로이군요. 재아를 포함해서 이들은 모두 공문십철(孔門十哲)에 속한 제자들이지요. 공자의 수많은 제자 중에서 덕행(德行)에는 안연, 민자건, 염백우, 중궁, 언어(言語)에는 재아, 자공, 정사(政事)에는 염유, 계로, 문학(文學)에는 자유, 자하가 있었다『논어』「선진」고 하지요. 그렇습니다. 공자가 탐탁하지 않게 여겼다고 전해지는 재아도 외교에 능한 유능한 인재였답니다.

삼년상을 마치고 공자를 찾아온 자하, 민자건의 태도가 달랐는데도 공자는 모두 '군자'라고 합니다. 궁금하면 참지 못하는 자로가 그 이유를 묻지요. 두 사람의 마음과 행동거지에 차이가 있는데 모두 '군자'라고 한 것에 의문을 제기한 것입니다. 공자는 어떤 경우에도 삼년상을 행했다는 사실이 중요하다고 합니다. 여기서 애도의 감정이 다했는데 기한을 채운 자하의 경우, '너무 형식에 얽매인 것이 아닌가?', 민자건의 경우에는 '슬픔이 다하지 않았다면 기한을 연장할 수도 있지 않은가?', 하는 이런저런 의문이 생길 수 있습니다. 하지만 공자는 삼년상은 사회의 관습, 규약이고 누구나 그 기간을 지켜야 한다는 것을 강조합니다. 개인적으로 오랫동안 애도할 수는 있어도 삼년상을 마친 후에는 상복을 벗고 사회활동을 해야 합니다.

마지막으로 ④는 ③의 에피소드에 대한 『모시』의 입장입니다. 삼년상은 민자건 같은 어진 사람은 쉽게 할 수 있지만, 자하와 같은 불초한 사람은 노력해서 해야 한다는 것이지요. 사회적 의례에는 이런 강제성이 있는 겁니다. 참고로 말씀드리면 『예기』 「단궁」(檀弓)에는 탈상 후에도 거문고를 제대로 연주할 수 없을 만큼 슬픔에 빠져 있던 인물이 자하로 나오고 거문고를 부드럽게 탄 인물이 자장으로 나옵니다. 「모전」의 내용과는 다르답니다. 자, 이렇게 마무리하겠습니다. 〈소관〉은 짧은 시인데 삼년상에 대한 주석까지 읽다 보니 장황해지고 말았네요.

3. 습유장초隰有萇楚

隰有萇楚 猗儺其枝
습 유 장 초 아 나 기 지

습지의 보리수,
가지가 부드러워라.

天之沃沃 樂子之無知
요 지 옥 옥 낙 자 지 무 지

여리고 빛이 나니,
아무것도 모르는 네가 부럽구나.

隰有萇楚 猗儺其華
습 유 장 초 아 나 기 화

습지의 보리수,
꽃이 아름다워라.

天之沃沃 樂子之無家
요 지 옥 옥 낙 자 지 무 가

여리고 빛이 나니,
집 없는 네가 부럽구나.

隰有萇楚 猗儺其實
습 유 장 초 아 나 기 실

습지의 보리수,
열매가 부드러워라.

天之沃沃 樂子之無室
요 지 옥 옥 낙 자 지 무 실

여리고 빛이 나니,
아내 없는 네가 부럽구나.

멍…, 충격입니다. 아무것도 모르고 가족, 아
내가 없는 보리수나무가 부럽다니. 혹시 이런 경험 있으신
가요? 개나리를 보면 개나리 팔자가 부럽고, 장미를 보면 장

미 팔자가 부러운… 삶이 얼마나 고달프면 이런 마음이 될까요? 주자는 이렇게 썼습니다.

> 정치가 번거롭고 부역이 무거워 사람들이 그 고통을 감당
> 하지 못했다. 자신들의 처지가 초목이 생각이 없고 근심이
> 없는 것만 못하다고 탄식한 것이다.
>
> 政煩賦重, 人不堪其苦, 嘆其不如草木之無知而無憂也.
> 정 번 부 중　인 불 감 기 고　탄 기 불 여 초 목 지 무 지 이 무 우 야

나라에서 시키는 일이 많고 세금이 과중하면 힘없는 민생은 고달프지요. 누구나 사는 게 팍팍하고 학정에 시달리다 보면 이런 생각이 들게 됩니다. 아무 생각 없이 서 있는 나무만도 못한 신세라고 한탄하게 되는 거죠. 나무를 부러워하는 생각이 들게 하는 정치, 이런 나라에 무슨 희망이 있겠어요? 마음이 무겁군요.

① 隰有萇楚 猗儺其枝 夭之沃沃 樂子之無知

'습유장초'에서 '습'(隰)은 '진펄'을 말합니다. 땅이 진 습지이지요. 그곳에 '장초'(萇楚)가 있군요. '보리수 장'(萇)으로 '장초'를 다래나무로 풀기도 하지만 여기서는 '보리수'로 하

겠습니다. '아나기지'에서 '아'(猗) 자를 볼까요? '아름다울 의' 자이지만 여기서는 '부드럽다'로 풀고 '아'로 읽습니다. '나'(儺)는 '순진한 모양'을 말합니다. 두 글자가 합해져 '아나' 는 보리수 가지가 부드러운 것이지요. '나'(儺)는 '푸닥거리' 라고 해서 역귀를 쫓는 굿의 뜻도 있지요. '나례'(儺禮)는 그런 굿을 행하는 것이고, 궁중에서도 '나례의'(儺禮儀)를 행했지요. 코로나 역귀(疫鬼)가 창궐할 때 하도 답답해서 '나례'라도 지내야 하나, 혼자 생각했어요. 나라에 역질이 돌 때 지내는 제사는 '여제'(厲祭)라고 한답니다.

'요지옥옥'. 아름다운 구절이 나왔네요. '어릴 요'(夭), '물 댈 옥'(沃)이지요. '옥옥'은 어린잎이 광택이 나는 모양[光澤貌]을 표현한 것입니다. 보리수의 어리고 여린 가지들이 빛이 날 정도로 예쁘군요. '낙자지무지', 마지막 구절에서 반전이 일어납니다. 아름다운 보리수 가지를 보면서 이런 말을 하다니. 여기서 '즐길 락'(樂)은 '부러워하다'입니다. 이인칭 대명사 '자'(子)는 보리수를 말하지요. 작중화자는 아무 고통도 모르고 서 있는 너, 보리수가 부럽다고 하네요. 탄식이지요. 살기가 오죽 힘들면 이럴까요? 애잔합니다.

② 隰有萇楚 猗儺其華 夭之沃沃 樂子之無家

'습유장초 아나기화'에서는 앞장의 가지[枝]에서 꽃이 피었네요[華]. 보리수 꽃이 아름답습니다. '요지옥옥 낙자지무가', 작중화자는 가족[家]이 없는 나무를 부러워합니다. 세금과 부역에 시달리다 보면 가족도 구속이 되고 버거운 짐이 되지요. 혈혈단신(孑孑單身) 혼자 서 있는 나무 신세를 부러워할 정도로.

③ 隰有萇楚 猗儺其實 夭之沃沃 樂子之無室

'습유장초 아나기실'. 이번에는 열매[實]입니다. 보리수 열매가 아름답군요. 진펄의 보리수는 정상적으로 자라서 꽃이 피고 열매도 맺었군요. '하지만 나는?' 하는 작중화자의 탄식 소리가 들리는 듯합니다.

'요지옥옥 낙자지무실', 이번에는 '무실'(無室), 차라리 아내가 없는 나무가 부럽다고 탄식합니다. '집 실'(室)이 여기서는 아내를 말합니다. 극한에 몰린 민생의 애절한 외침이지요. 앞으로 도탄에 빠진 민초의 하소연이 담긴 노래들이 쭉 등장할 겁니다.

4. 비풍匪風

匪風發兮 匪車偈兮
비 풍 발 혜 비 거 걸 혜

바람이 일어나서도
수레가 빨리 달려서도 아니라네.

顧瞻周道 中心怛兮
고 첨 주 도 중 심 달 혜

주나라로 가는 길 돌아보면
마음이 애달프다네.

匪風飄兮 匪車嘌兮
비 풍 표 혜 비 거 표 혜

회오리바람이 불어서도
수레가 흔들려서도 아니라네.

顧瞻周道 中心弔兮
고 첨 주 도 중 심 조 혜

주나라로 가는 길을 돌아보면
마음이 슬프다네.

誰能亨魚 溉之釜鬵
수 능 팽 어 개 지 부 심

누가 생선을 잘 삶을까?
쇠솥과 가마솥을 씻어 주리라.

誰將西歸 懷之好音
수 장 서 귀 회 지 호 음

누가 장차 서쪽으로 돌아갈까?
좋은 말로 격려하리라.

「회풍」의 마지막 작품인 〈비풍〉을 읽어 볼까
요? 〈습유장초〉에서도 볼 수 있었지만, 지금 작은 제후국 회
나라에는 희망이 없습니다. 오만한 군주는 놀러 다니기 바

쓰고 부역과 세금은 무겁지요. 나라를 잃게 될까 두렵습니다. 〈비풍〉 역시 이런 사회·정치 상황을 배경으로 합니다. 주자는 이렇게 말합니다.

> 주나라 왕실이 쇠미해져서 현인이 걱정하고 탄식하여 이 시를 지은 것이다.
>
> 周室衰微, 賢人憂歎而作此詩.
> 주 실 쇠 미　현 인 우 탄 이 작 차 시

회는 작은 제후국입니다. 서주(西周)는 봉건제 시스템이었습니다. 크고 작은 공후백자남(公侯伯子男)의 제후국들이 공존했지요. 천자에게 조회하고 평가받는 과정을 통해서 제후 연맹이 유지되었지요. 이런 시대에는 약소국도 주 천자의 권위에 의지해서 보호받을 수 있었고요. 하지만 동주(東周), 춘추시대가 되면 천자의 보호막은 사라집니다. 제(齊), 진(晉), 초(楚)가 주변의 약소국들을 침략, 병합하면서 패자가 되었지요. 무력해진 천자는 패자의 지원으로 왕권을 유지하는 처지가 되었고요. 결국 회나라는 정 무공의 무력을 앞세운 팽창 정책으로 병합되고 말지요.

① 匪風發兮 匪車偈兮 顧瞻周道 中心怛兮

'비풍발혜 비거걸혜'에 나오는 '대상자 비'(匪)는 '~이 아니다'
라는 부정사입니다. 바람이 일어나는 것[發]도 아니고[匪], 수
레가 빨리 달리는 것[偈]도 아니라면[匪], 이 사람의 불안, 슬
픔의 원인은 무엇일까요. '쉴 게'(偈)는 여기서는 '수레를 빨
리 모는 모습'이고 음도 '걸'입니다.

　'고첨주도 중심달혜'를 보겠습니다. '고'(顧)는 '돌아보다'
이고 '첨'(瞻)은 '바라보다'로, '고첨'은 '고개를 돌려 바라보다'
가 됩니다. 무엇을 보고 있나요? '주도'이군요. '주도'는 천자
의 나라인 주로 가는 길입니다. '넓은 길'이라는 뜻도 있는
데, 아무래도 천자의 나라로 가는 길이 가장 넓었기 때문이
겠죠.

　'중심달혜'에서 '달'(怛)은 '두렵고 슬프다'인데 '주도'를
돌아보기만 해도 마음이 슬프다고 하네요. 바람이 강하게
불고 수레가 내달리면 대부분 심장이 뛰지요, 불안하니까
요. 그런데 지금 이 사람이 불안한 것은 이런 이유가 아닙니
다. 주나라로 가는 길을 바라보며 힘없는 왕실을 걱정하는
것이지요. 마음이 서글퍼질 정도로. 왕실이 쇠미해지면, 회
나라도 희망이 없으니까요.

한나라의 『시경』 학자 한영(韓嬰)이 쓴 『한시외전』에 이 시를 인용한 문장이 있어서 읽어 보겠습니다.

전에서 말하였다.

"나라에 치국의 도가 없으면 회오리바람이 매섭게 몰아치고 폭우가 나무를 부러뜨리며, 음양의 기운이 어그러져 여름에 춥고 겨울에 따뜻하며 봄에 곡식이 익고 가을에 꽃이 핀다.

해와 달이 빛을 잃고 별들의 운행이 어긋나 백성들은 병든 자가 많아지고 나라에는 상서롭지 못한 일이 많아진다. 여러 생명들이 오래 살지 못하게 되고 오곡이 결실을 맺지 못하게 된다.

주나라가 시작되었을 때에는 음양이 조화롭고 추위와 더위가 고르며 여러 생명들이 천수를 누리고 만물들이 평안을 얻었다. 그래서 풍속은 다스려지고 즐거움은 계속되었으며 부리는 말조차 편안하고, 백성들도 유순했으며 행동이 느슨하고 마음도 따뜻해졌다."

'시'에서 노래하였다.

"바람이 일어나지도 않고 수레가 빨리 달리지도 않건만 주나라 가는 길 돌아보니 내 마음만 슬퍼지네."

傳曰：“國無道, 則飄風厲疾, 暴雨折木, 陰陽錯氛,
전왈　국무도　즉표풍려질　폭우절목　음양착분

夏寒冬溫, 春熱秋榮, 日月無光, 星辰錯行, 民多疾病,
하한동온　춘열추영　일월무광　성신착행　민다질병

國多不祥, 群生不壽, 而五穀不登.
국다불상　군생불수　이오곡부등

當成周之時, 陰陽調, 寒暑平, 群生遂, 萬物寧. 故曰：
당성주지시　음양조　한서평　군생수　만물녕　고왈

其風治, 其樂連, 其驅馬舒, 其民依依, 其行遲遲,
기풍치　기락련　기구마서　기민의의　기행지지

其意好好.”
기의호호

詩曰：“匪風發兮, 匪車偈兮. 顧瞻周道, 中心怛兮.”
시왈　　비풍발혜　비거걸혜　고첨주도　중심달혜

　　여러분, 어떠신가요? 정치가 어지러우면 기상 이변이
일어나고, 지상의 모든 존재의 삶이 고달프다네요. 그리고
당대의 시를 통해 그런 상황을 알 수 있다고 하니, 반영론이
지요.

② 匪風飄兮 匪車嘌兮 顧瞻周道 中心弔兮

1장과 2장은 A-A'로 거의 변화가 없습니다. '비풍표혜 비
거표혜'에서 앞의 '표'(飄)는 '회오리바람'이고, 뒤의 '표'(嘌)
는 수레 등이 빨리 달릴 때 요동치고 흔들리는 모양입니다.
'빠를 표'(嘌)거든요. '고첨주도 중심조혜'에서는 '달'(怛)이
'조'(弔)로 바뀌었군요. '조문할 조'는 여기서는 슬픔에 마음

이 아픈 것[傷]을 말합니다.

③ 誰能亨魚 漑之釜䰞 誰將西歸 懷之好音

3장은 표현법이 달라집니다. 시 전체 구조를 보면 A-A'-B 의 형태이지요. '수능팽어 개지부심'에서 '수'(誰)는 '누구 수', '팽'(亨)은 '삶을 팽'입니다. '형통할 형'(亨) 자는 문맥에 따라 '누릴, 제사 지낼 향'(享), '삶을 팽'(烹)으로 음과 뜻이 모두 변합니다. 『주역』건괘(乾卦)의 괘사인 '원형이정'(元亨利貞)에서 '형'은 '형통하다'이지요. 만사형통(萬事亨通)도 있군요. 향년 (享年), 향사(享祀)할 때는 '제사 지내다'의 뜻이고 '향'으로 읽습니다. 여기서는 '삶을 팽'으로 지금 작중 화자는 물고기를 삶을 능력이 있는 사람을 찾습니다. 정치적 역량을 갖춘 사람이 필요하다는 말이지요.

　『노자』60장에서 '큰 나라를 다스리기를 작은 생선을 삶 듯이 한다'[治大國, 若烹小鮮]고 했지요. 이 말은 크게 일을 벌이거나 나라를 소란스럽게 하지 말라는 말입니다. 작은 생선을 삶을 때 조심하듯이 정치를 하라는 것이지요. 하물며 작은 나라는 두말할 필요 없겠지요. 최대한 '무위'의 정치를 해야 '민심'을 얻겠지요. 법령과 부역으로 백성을 괴롭힌다면? 민심은 이반되고 모두 나라를 떠날 궁리만 하게 됩니다.

지금 작중 화자는 능숙한 셰프를 찾습니다. '개지부심', 그를 위해 솥을 씻어 주겠다고 하네요. '물 댈 개'(溉)는 여기서는 '씻다'[滌]입니다. '부'(釜)는 '쇠솥'이고, '심'(鬵)은 시루 모양의 다리가 셋인 솥입니다. 적극적으로 요리하는 것을 돕겠다는 것이지요.

다음 구절 '수장서귀, 회지호음'에서 '서귀'(西歸)는 회보다 서쪽에 있는 주나라로 가는 것이지요. 바로 천자를 보필할 사람이 필요하다고 호소하는 겁니다. 만약 그런 사람이 있다면 '호음'(好音), 좋은 말을 해 주겠다고 하네요. '품을 회'(懷)는 여기서는 마음속의 생각을 펼쳐 떠나는 사람을 위로하는 것입니다. 격려하는 것이지요. 유능한 사람이 나서서 천자를 돕고, 이 어지러운 세상을 안정시키기를 간절히 바라네요. 그 마음이 애절합니다.

「회풍」을 마치며

정나라에 병합된 작은 제후국 회나라의 노래 네 편을 읽었습니다. 모두 짧은 단편으로 군주의 무책임에서 초래된 국난의 상황이 담겨 있군요. 망국의 노래는 슬픕니다. 그래도 이렇게 노래 네 편이 남아서 다행이란 생각도 듭니다. 춘추시대에 아무런 흔적도 남기지 못하고 사라진 작은 나라들이 수백 개가 되니까요. 약육강식의 잔인한 시대였지요. 흔히들 '춘추대의'(春秋大義)라고 하면서 춘추오패의 시대에 정의가 있었다고 하는데, 저는 그렇게 보지 않습니다. 오직 힘의 논리에 의해 움직였고 주 천자는 허수아비였을 뿐이었지요. 천자를 아바타로 삼아 내건 것을 '대의'라고 할 수 있을까요? 저는 춘추시대야말로 잔인한 패권(힘과 위선)의 시대라는 생각을 떨칠 수가 없답니다.

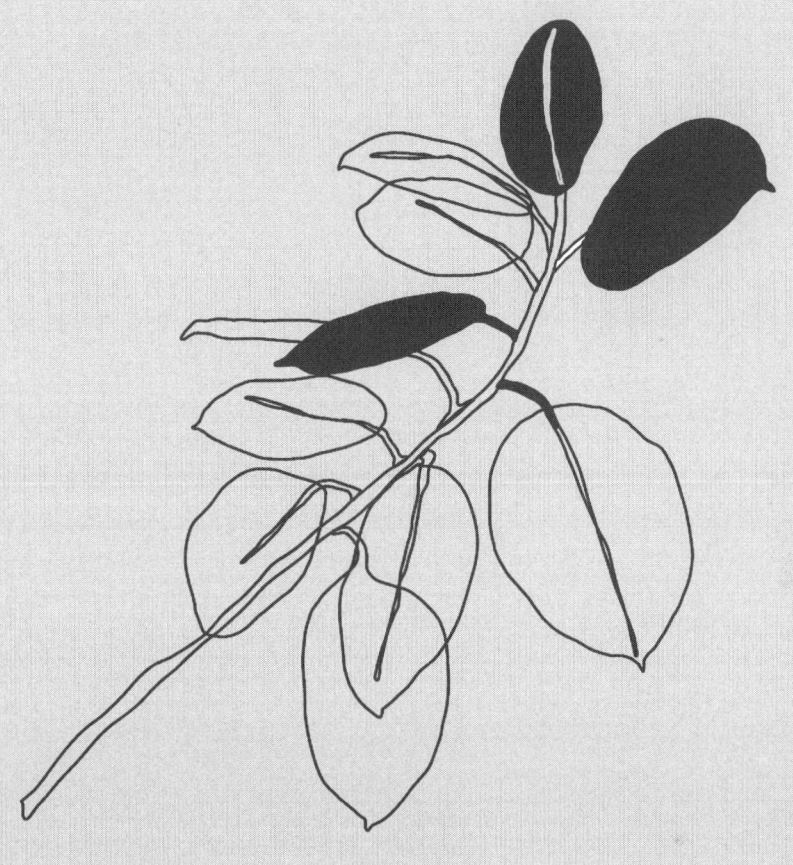

정풍
鄭風

,

정 지역의 노래

「회풍」에 이어 「정풍」(鄭風)으로 들어가겠습니다. 「정풍」에는 21수의 시가 수록되어 있는데, 유명한 작품들이 많답니다. 공자님이 '음란한 음악'이라 하셔서인지 관심을 가진 분들이 많았지요.

우선 『사기』 권42 「정세가」를 중심으로 춘추시대 정나라에 대해 간략히 알아보겠습니다. 먼저 오른쪽의 지도를 볼까요?

지도에서 정나라를 찾으셨나요? 춘추시대 지도인데, 맨 왼쪽, 그러니까 중원의 서쪽에는 견융(犬戎)이 보이실 겁니다. 그 외에도 여기저기 이민족 표시가 있죠. 산융(山戎), 백적(白狄), 적적(赤狄) 등등. 기원전 771년 무렵, 그러니까 동주, 춘추시대가 시작될 무렵에는 이런 이민족의 세력이 아주 강했습니다. 어느 때는 위쪽에 있는 백적이 세를 확장하여 내려오고 어느 때는 산융이 세력을 확장하기도 했지요.

견융의 동쪽에 훗날 중국을 병합한 진시황의 진(秦)나라가 있군요. 그 오른쪽 아래에 조그맣게 서주(西周)라고 표시되어 있는데, 이곳을 중심으로 삼았던 서주가 기원전 771년에 견융의 침입으로 수도를 낙양으로 옮기면서 동주(東周), 춘추시대가 되는 거죠. 우리가 읽고 있는 『시경』의 시들은 대부분 이 시기를 전후로 정착된 겁니다. 2000년이 넘었으

15국풍 지도

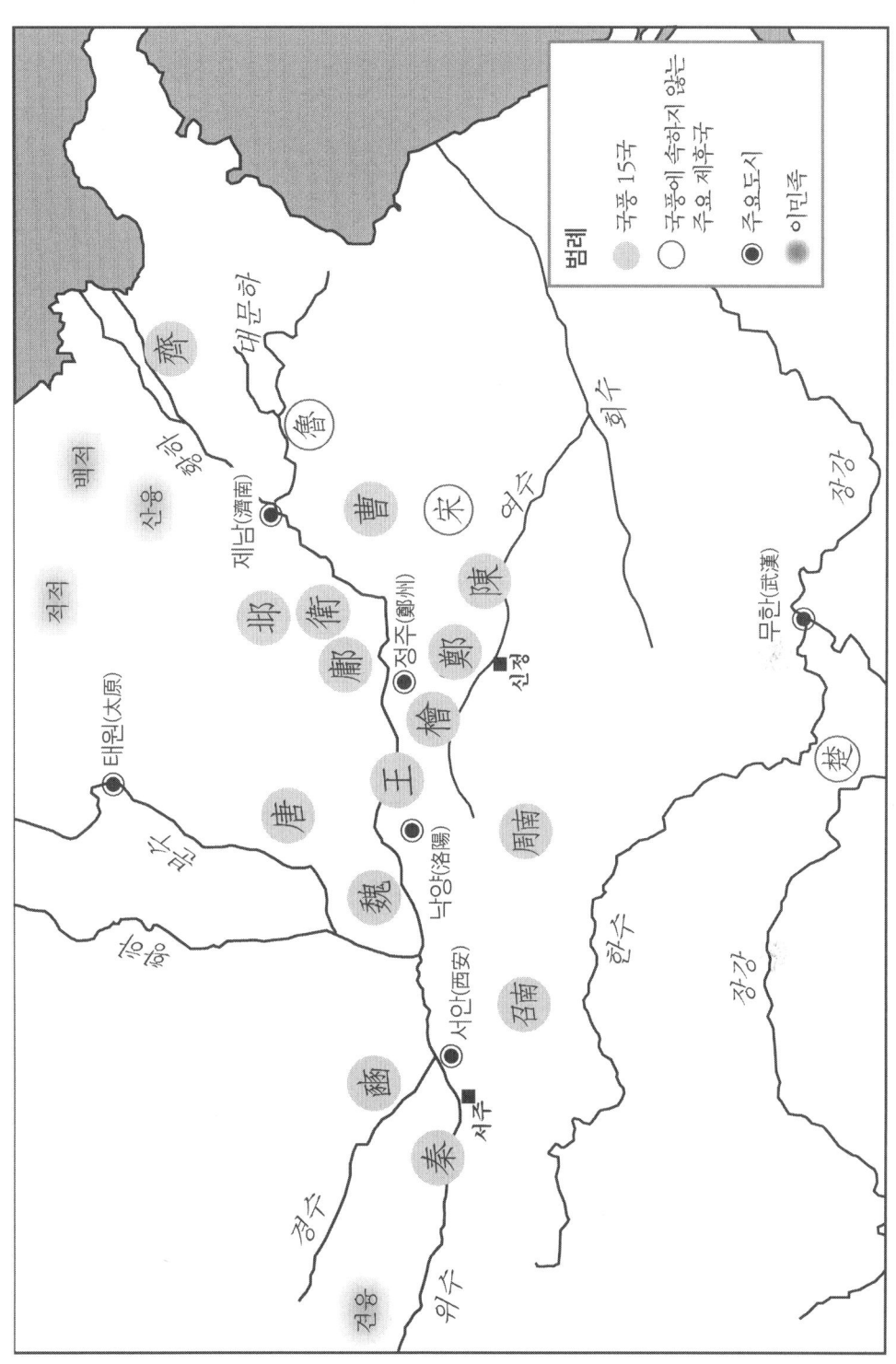

니 유래가 아주 오래되었죠.

동주가 자리 잡은 낙양 옆으로 우리가 읽을 시들이 나온 정(鄭)나라가 보이실 겁니다. 그런데 그 아래에 '신정'(新鄭)이라는 표시도 있네요. '새로운 정나라'라는 뜻입니다. 정나라는 땅과 인구, 국력이 큰 나라는 아닌데, 춘추 초기에 국가의 국제적 레벨이 높았습니다. 견융이 주 유왕을 살해할 때, 정 환공(鄭桓公)도 같이 죽습니다. 그리고 아들 정 무공(鄭武公)이 유왕의 적자(嫡子) 평왕(平王)을 모시고 낙양으로 동천합니다. 지금으로 말하면, 나라를 잃고 피난 정부를 세웠는데, 그 1등 공신이 바로 정나라 무공이었던 것이지요. 이때 정 무공은 괵(虢)과 회(檜)를 멸망시키고, 그곳에 새로운 정나라를 세웁니다. '신정'이란 이름은 여기에서 비롯된 거지요.

이렇게 춘추시대의 시작과 함께 부상한 정나라는 무공과 장공(莊公, 재위 기원전 743~701) 시대에 영향력을 넓히게 됩니다. 장공은 43년이나 재위했는데, 가히 패자의 면모를 보여 줍니다.『춘추좌전』앞부분에는 장공의 활약에 대한 기록이 많이 나오지요. 하지만 아들들의 권력투쟁으로 나라는 혼란에 빠지고 국력이 쇠퇴하고 맙니다. 이어서 제 환공, 진 문공, 초 장왕 같은 강력한 패자들이 등장했구요. 특히 북방의 패자 진(晉)과 남방의 패자 초(楚)가 독점 관계를 강요하는 바람에 정나라는 큰 고통을 겪게 됩니다. 진과 동맹을 맺으면 초가, 초와 동맹을 맺으면 진이 군대를 출동시켰으니까요.

급기야 기원전 597년(노 성공 12), 정 양공은 초 장왕에게 항복합니다. 초 장왕이 맹약을 맺고 돌아가서 정나라의 사직은 유지되었지만, 국운은 위축되었지요. 정 간공(簡公, 재위 기원전 570~530) 때 탁월한 정치가 정자산(鄭子産)의 등장으로 잠시 부흥기가 있었지만 기원전 375년에 한(韓)나라에 의해 멸망당합니다.

기왕 지도가 나왔으니, 다른 나라들도 살펴보고 넘어가겠습니다. 정나라 위쪽에 있는 위(衛)나라, 그리고 오른쪽으로 송(宋)나라가 보이시지요? 오른쪽 위로는 제(齊)나라와 노(魯)나라가 있는데요. 동주 시대 주나라 수도였던 낙양 부근과 위나라, 정나라, 송나라라는 나라는 작았지만 당대 최고의 문명국이었습니다. 황하의 비옥한 지역에서 나는 곡물, 비단 등 물산이 풍부하고 품질이 상당히 높았지요. 이런 문명국들은 주변의 다른 나라들을 우습게 여겼습니다. 가령 제나라에 대해서는 '대국이지만 바닷가에서 소금 굽고 물고기나 잡는 동쪽 나라'라는 시선이 있었고요. 서쪽 끝의 진(秦)나라는 반(半) 야만국이라 여겨 아주 경시했지요. 주나라가 동천할 때 서쪽 방어를 위해 진 양공(秦襄公, 재위 기원전 778~766)을 제후로 봉해 주었으니까요. 버리고 떠날 수밖에 없는 서안 일대를 준 것이지요.

송나라는 은나라 유민(遺民)을 관리하라고 미자(微子)에게 봉해 준 나라로 자신들이 중원의 문화를 계승하고 있다는 자부심이 강했습니다. 공자 역시 자신을 송나라의 후손이라고 했지요. 이런 식으로 중원에 위치한 나라들의 문명 의식은 강했습니다. 하지만 제 환공(재위 기원전 685~643) 이후 패자의 시대로 진입하면서 위나라, 정나라, 송나라, 노나라 같은 중소국은 존립이 위태롭게 됩니다. 「위풍」(衛風)에서 보았듯이 위나라는 북적(北狄)에 의해 자주 침략당했고 멸망 이후 다시 나라를 세우기도 했지요(기원전 660년). 이렇게 자존심은 높지만 현실적으로 국가의 규모나 병력은 약했던 나라, 그 대표적인 경우가 위나라, 정나라, 송나라였습니다.

우리가 지금부터 읽을 「정풍」의 작품들을 『모시』에서는 모두 정나라 초기, 무공·장공, 장공의 아들인 소공과 여공, 여공의 아들인 문공 시대의 작품으로 보았습니다. 「모시서」(毛詩序)에서 무공을 찬미하거나, 장공, 소공을 풍자했다는 식으로 일일이 밝혔지요. 하지만 주자는 「모시서」의 내용을 '구설'(舊說)로 소개하면서도 대부분의 작품을 풍자시로 보는 『모시』의 해석을 따르지 않습니다. 「모시서」의 '이서독시'(以序讀詩), 즉 '서'로 시를 읽는 방법에서 벗어나서 '이시독시'(以詩讀詩), 즉 '시로 시 내용을 파악하자', 정치적 상황과 연계시키지 말고 내용에 충실하자는 입장이었으니까요. 주자는 『시경』 해석에 있어서 혁명적 독법을 제시한 것입니다. 왜 '시'를 읽으면서 일일이 정치 상황과 연결시키냐고 하면서 『시경』 해석의 새로운 지평을 연 것이지요. 이전까지는 공영달이 『모시정의』에서 정리한 모형(毛亨)의 '시서'와 '전'(傳), 정현의 '전'(箋), 공영달의 '소'(疏)를 그대로 따라서 읽었거든요. 물론 21세기의 우리에게 주자의 독법은 구태의연하고, 받아들이기 어려운 부분이 많지요. 당연합니다. 주자에게는 『모시정의』가 그랬을 겁니다. 『모시』부터 주자의 『시집전』까지 천여 년의 시간 간격이 있고, 『시집전』부터 우리까지 다시 천여 년의 시간이 흘렀습니다. 감수성이 다를 수밖에 없지요. 『시경 강의』는 이런 시간적 격차를 감안하면서 주자의 독법을 따라가고 있는데요. 오랜 기간 교과서였기 때문이지요. 하지만 우리의 현재적 감각을 살려야겠지요. 활기차게, 참신하게!

1. 치의緇衣

緇衣之宜兮
치 의 지 의 혜

치의가
몸에 맞는군요.

敝予又改爲兮
폐 여 우 개 위 혜

해지면 제가 다시
만들어 드릴게요.

適子之館兮
적 자 지 관 혜

그대가 관사로
출근했다가,

還予授子之粲兮
환 여 수 자 지 찬 혜

돌아오면 제가
음식을 해드릴게요.

緇衣之好兮
치 의 지 호 혜

치의가
몸에 어울리는군요.

敝予又改造兮
폐 여 우 개 조 혜

해지면 제가 다시
만들어 드릴게요.

適子之館兮
적 자 지 관 혜

그대가 관사로
출근했다가,

還予授子之粲兮
환 여 수 자 지 찬 혜

돌아오면 제가
음식을 해드릴게요.

緇衣之蓆兮
치 의 지 석 혜

치의가
몸에 넉넉하군요.

敝予又改作兮
폐 여 우 개 작 혜

適子之館兮
적 자 지 관 혜

還予授子之粲兮
환 여 수 자 지 찬 혜

해지면 제가 다시
만들어 드릴게요.

그대가 관사로
출근했다가,

돌아오면 제가
음식을 해드릴게요.

<치의>(緇衣)를 보겠습니다. '치'(緇)는 '검을 치'
로 '치의'는 '검은 옷'입니다. 여기서 '치의'는 천자의 나라에
서 벼슬하는 경대부(卿大夫)가 입는 옷입니다. 제후가 자신
의 조정에 설 때도 '치의'를 조복으로 입지요. 후대에는 '치
의'가 스님들이 입으시는 검게 물들인 옷을 가리키는 말이
되었지만요.

「모시서」에서는 이 시를 정나라 환공과 무공의 업적을
찬미한 것으로 보았습니다. 이것을 주자는 '구설'이라고 소
개하고 있네요.

'구설'에서 말하였다.

"정나라 환공과 무공이 서로 이어서 주나라의 사도가 되어
그 직분을 잘 수행하니 주나라 사람들이 그들을 사랑했다.
그러므로 이 시를 지었다."

舊說, 鄭桓公武公相繼爲周司徒, 善於其職, 周人愛之.
구설 정환공무공상계위주사도 선어기직 주인애지
故作是詩.
고작시시

정 환공은 주 선왕(宣王)의 동생 희우(姬友)로 정나라의
시조이지요. 그는 조카 유왕의 사도가 되었다가 견융의 난
에 죽었습니다. 아들 무공은 평왕의 동천을 도왔고, 그 또한
평왕의 사도가 되었지요. 춘추시대 초기 정나라의 황금기라
고 할 수 있습니다.

사도는 지금의 교육, 문화부 장관에 해당되는데, 이들의
정치가 크게 민심을 얻었던 모양입니다. 민심을 얻고, 칭송
하는 노래까지 남았다니, 이 정도까지 하기는 어려운 일이
지요. 그럼 이 시는 환공의 아들 무공이 사도로 있었던 동주
의 낙양 사람들이 짓고 부른 노래가 됩니다. 정나라 노래라
고 하기에는 좀 그렇지요.

① 緇衣之宜兮 敝予又改爲兮
　　適子之館兮 還予授子之粲兮

'치의지의혜'는 조복인 '치의'(緇衣)가 몸에 잘 맞는다는 뜻
입니다. '마땅할 의'(宜)는 '걸맞다'[稱]와 같은 뜻이고요. 사

람과 옷이 잘 어울리는 것이지요. 사람과 옷이 어울리지 않고 걸도는 경우가 종종 있잖아요? 그다음 '폐여우개위혜'는 '폐, 여우개위혜'로, '폐' 뒤에서 한번 끊어 주시는 게 좋습니다. '만약 ~ 하다면'이라는 조건절로 풀어 주십시오. '폐'(敝)는 '옷이 해지다', '낡다'라는 뜻이에요. '여우개위혜'는 '내[予]가 또[又] 다시 만들어 드리겠습니다[改爲]'가 됩니다. '고칠 개'(改)는 여기서는 '다시'[更]란 뜻의 부사로 쓰였습니다.

'적자지관혜'의 '적'(適)은 '~로 가다'입니다. 치의를 입은 이 사람은 관사(館舍)로 출근해서 공무를 봅니다. 천자의 '사도'이니까요. '환여수자지찬혜'의 '환'도 끊어 읽어 주십시오. 그대가 출근했다가 돌아오면[還], 좋은 음식을 해주겠다는 군요. '정미 찬'(粲)은 '잘 도정된 곡식'을 말하는데, 여기서는 '밥할 찬'(餐)과 통합니다. 옷과 밥으로 사랑, 신뢰를 표현하는군요. 지금도 그렇지요? '밥 같이 먹자'고 하는 것만큼 다 정한 말이 없지요.

② 緇衣之好兮 敝予又改造兮
   適子之館兮 還予授子之粲兮

'치의지호혜'는 앞 장의 '의'(宜)가 '호'로 바뀌었군요. '좋다'[好]는 '잘 어울린다'[宜]와 같습니다. 다음 구 '폐여우개조혜'도 앞 장에서 '위'(爲)만 '조'(造)로 바뀌었습니다. '위'와 '조'는 둘 다 옷을 만드는 것이지요. 같은 뜻입니다. 이어지는 '적자지관혜 환여수자지찬혜'는 1, 2, 3장이 같네요. 후렴구입니다.

③ 緇衣之蓆兮 敝予又改作兮
　　適子之館兮 還予授子之粲兮

'치의지석혜 폐여우개작혜'의 '석'(蓆)은 '풀로 짠 자리'이지만 여기서는 '크다'[大]는 뜻입니다. 치의가 크다는 것은 옷이 편안한 것입니다. 지금 우리는 옷 치수가 맞지 않으면 불편하지요. 특히 크게 입지는 않지요. 언니, 오빠 옷을 입고 나온 것 같기도 하고요. 하지만 여기서는 다릅니다. 주자는 정자(程子)의 언급을 소개했습니다. ''석'은 편안하다는 뜻이니 의복이 입은 사람의 덕과 걸맞으면 편안한 것이다'[蓆有安舒之義, 服稱其德, 則安舒也]. 역시 옷태는 입은 사람의 인격에서 나오는 걸까요?

　'폐여우개작혜', 이번에는 '만들 작'(作) 자로 바뀌었네요. 이렇게 〈치의〉의 각 장은 변화가 거의 없는 단순한 작품입니다. 각 장의 첫째, 둘째 구절의 글자만 하나씩 바뀌었고, 세번째와 네번째 구는 같은 문장이 반복되니까요. 하지만 이 시는 『예기』에 <치의>편이 있을 만큼 군주와 신하의 국정 콜라보를 말할 때 자주 인용되는 작품이랍니다. 더구나 『예기』의 <치의>는 모두 공자의 말로 구성되어 있어서 무게감이 있지요. 그래서일까요? 주자도 간략히 언급하셨군요.

『예기』에서 말했다.

"현자를 좋아하기를 <치의>와 같이 한다."

또 말하였다.

"<치의>에서 현자를 좋아하는 것이 지극함을 볼 수 있다."

記曰: "好賢如緇衣", 又曰: "於緇衣, 見好賢之至."
기 왈   호 현 여 치 의   우 왈   어 치 의   견 호 현 지 지

이렇게 시를 다 읽었는데요. <치의>는 정 환공과 무공을 칭송한 작품이라 하는데, 『한비자』 「세난」(說難)에 실린 정 무공에 대한 일화를 말씀드리고 싶습니다.

내용은 대략 이러합니다. 정 무공이 호(胡)를 치고 싶었습니다. 그는 어떻게 했을까요? 먼저 자신의 딸을 호의 군주에게 시집보내 결혼 동맹을 맺습니다. 당시에 정나라의 위상이 높았으니 호의 군주는 마다할 이유가 없었겠지요. 1

단계입니다. 그다음 2단계 작전 들어갑니다. 조정에서 정 무공은 무심히 묻습니다. "군대를 움직이고 싶은데 어디를 치면 좋겠소?" 이때 눈치 없던 대부 관기사가 말합니다. "호를 치는 것이 좋습니다." 하지만 무공은 형제의 나라를 치자고 했다며 그를 죽여 버립니다. 이 사건을 듣게 된 호의 군주는 안심하고, 별다른 방비를 하지 않습니다. 정 무공은 바로 이때를 틈타 호를 쳐서 영토를 넓혔지요.

정 무공의 책략가적 면모가 돋보이는 일화라 할 수 있지요. 한비자는 신하가 군주의 숨겨진 의도를 파악하지 못하고 경솔하게 의견을 제시하면 허망하게 목숨을 잃을 수 있다는 예시를 보여 준 것이고요. 이렇게 정 무공은 여러 문헌에서 정복가, 책략가의 모습으로 그려지고 있습니다. 하지만 〈치의〉에서는 천자의 유능한 사도로 주나라 백성들의 칭송을 받는 인물로 설정되어 있군요. 누구나 할 것 없이 사람에게는 다양한 면모가 있지요. 특히 군주의 심리, 정치술은 미묘하고도 치밀하여 짐작하기조차 어려운 경우가 많고요.

2. 장중자將仲子

將仲子兮 無踰我里
장 중 자 혜 무 유 아 리

無折我樹杞
무 절 아 수 기

豈敢愛之 畏我父母
기 감 애 지 외 아 부 모

仲可懷也
중 가 회 야

父母之言 亦可畏也
부 모 지 언 역 가 외 야

그대여.
내 마을로 넘어오지 마세요.

내가 심은 구기자를
꺾지 마세요.

어찌 아까워서 그러겠어요.
부모님이 두렵답니다.

그대를
사랑하지만,

부모님의 말씀도 두려워요.

將仲子兮 無踰我牆
장 중 자 혜 무 유 아 장

無折我樹桑
무 절 아 수 상

豈敢愛之 畏我諸兄
기 감 애 지 외 아 제 형

仲可懷也
중 가 회 야

諸兄之言 亦可畏也
제 형 지 언 역 가 외 야

그대여.
내 집 담을 넘지 마세요.

내가 심은 뽕나무를
꺾지 마세요.

어찌 아까워서 그러겠어요.
오빠들이 두렵답니다.

그대를
사랑하지만,

오빠들의 말도 두려워요.

將仲子兮 無踰我園
장 중 자 혜 무 유 아 원

그대여.
내 집 울타리를 넘지 마세요.

無折我樹檀
무 절 아 수 단

내가 심은 박달나무를
꺾지 마세요.

豈敢愛之 畏人之多言
기 감 애 지 외 인 지 다 언

어찌 아까워서 그러겠어요.
사람들의 구설이 두렵답니다.

仲可懷也
중 가 회 야

그대를
사랑하지만,

人之多言 亦可畏也
인 지 다 언 역 가 외 야

사람들의 구설도 두려워요.

　　　　3장 8구인 〈장중자〉는 장마다 몇 글자만 바뀌는 소박한 구성의 연애시입니다. 화자는 사랑에 빠진 여인이지요. 「소남」〈야유사균〉의 여인은 연인에게 삽살개가 짖지 않게 가만가만 서서히 찾아오라고 하는데(『시경 강의』 1, 246쪽), 이 여인은 오지 말라고 부탁하네요. 그런데 여인의 말을 액면 그대로 듣고 발걸음을 멈추면 안 되겠지요. 조심조심 와 달라고 길을 알려주고 있는 것 같군요.^^ 마을에는 구기자나무가, 우리 집 담에는 뽕나무가, 내가 있는 집 뜰에는 박달나무가 있다고, 들키지 않게 조심하라고. 여인의 속마음이 그대로 전해져서 저절로 웃음이 나올 지경입니다. 이제 볼까요?

① 將仲子兮 無踰我里 無折我樹杞 豈敢愛之
　　畏我父母 仲可懷也 父母之言 亦可畏也

'장중자혜'의 '장'(將)은 용례가 다양한 글자이지요. 장수(將帥), 거느리다, 장차(將次) 등등. 일취월장(日就月將)에서는 '나아가다'[進]란 뜻이구요. 여기서는 '청컨대'[請]란 부사입니다. '중자'(仲子)는 주석에는 남자의 자라고 했지만 '그대여'라고 푸시면 됩니다. '무유아리'의 '무'(無)는 '~하지 말라'라는 금지사이지요. '유'(踰)는 '넘을 유' 자이고요. 행정단위 중에서 보통 25가구가 거주하는 곳을 '리'(里)라고 하는데, 지금 이 여인은 연인에게 자신의 마을로 넘어오지 말라고 하네요. 마음과는 반대로.

　'무절아수기'에서 '아'(我)는 작중 화자인 여인이지요. '기'(杞)는 '구기자나무 기'인데요. 주로 마을의 경계와 도랑에 심습니다. 지금 이 여인은 마을의 경계에 심어 놓은 구기자나무를 꺾지 말라고 하네요. 그런데 아무래도 '꺾을 절'(折)자가 의미심장하군요. '내 마음을 꺾지 마세요', '내 마음을 훔치지 마세요'라고 읽히니까요. 그다음 '기감애지'의 '사랑할 애'(愛)는 여기서는 '아끼다'[吝]입니다. 아까워하는 것이지요. 이런 부탁을 하는 이유가 나무 때문이 아니라고 하네요. 물론 그렇겠죠.

'외아부모', 역시 부모님의 꾸지람이 두렵군요. 여기서 '외'(畏)는 '두려워할 외'입니다. 그런데 정말 부모님을 두려워하긴 하는 걸까요? 열애에 빠진 남녀가 부모님의 꾸지람이 두려워 만나지 않는 경우는 드물지요. 장애가 있을 때 더 타오르는 것이 연애 감정이니까요.

'외' 자의 용례를 더 살펴볼까요? 『논어』 「자한」에 '후생가외'(後生可畏)라는 멋진 말이 있지요. 쑥쑥 성장하는 후배들을 보고 긴장하라는 것이지요. '외우'(畏友)는 나를 긴장시키는 존경하는 친구이구요. 선배들은요? 존경하고 '타산지석'(他山之石)으로 삼으면 됩니다. 두려워할 필요는 없지요. 그분들은 나보다 앞서 걸어간 길이 보이니까요.

'중가회야 부모지언 역가외야'에서는 '품을 회'(懷) 자를 써서 여인이 속마음을 전하는군요. 마음속에 연인에 대한 사랑이 가득하네요. 그래도 부모님의 꾸지람[父母之言]은 두렵지요[畏]. '삼종지도'(三從之道)를 생각하지 않을 수 없던 시대였으니까요. 주자는 정초(鄭樵, 1104~1162)가 이 시를 "음분자의 말"[淫奔者之辭]이라고 한 것을 인용했는데, 이렇게 보면 시의 맛이 한순간에 사라지고 말지요. 우리는 한때 사랑에 빠진 연인들을 모두 '바람난 사람'으로 보던 분들도 계셨구나, 이렇게 생각하고 넘어갑시다.

② 將仲子兮 無踰我牆 無折我樹桑 豈敢愛之
　　畏我諸兄 仲可懷也 諸兄之言 亦可畏也

'장중자혜, 무유아장'. 이번에는 집 담장을 넘지 말라고 하네요. 연인이 점점 가까이 다가오고 있군요. 분위기 좋습니다. '담 장'(牆)은 '墻'으로도 씁니다. '무절아수상'에서는 앞 장의 구기자나무[杞]가 뽕나무[桑]로 바뀌었네요. 이 당시에는 담 장 주변에 뽕나무를 심었지요. 맹자가 양혜왕, 제선왕에게 유세하면서 "다섯 묘 정도의 택지 주변에 뽕나무를 심는다면 나이 50세 이상의 사람들이 비단옷을 입을 수 있다"『맹자』「양혜왕」 상고 했지요. 맹자는 왕도정치의 출발은 민생 안정이고, 그다음이 교육이라고 보았습니다. 그러면 천하에 왕 노릇할 수 있다고. 너무도 당연한 말을 했지만 제후들은 맹자의 정치철학을 받아들이지 않았지요. 약육강식의 시대에 웬 꿈같은 소리냐고.

　'기감애지 외아제형 중가회야 제형지언 역가외야'. 앞에서는 부모가 두렵다고 했는데, 이번에는 '제형'(諸兄), '여러 오빠들'이 무섭다고 하네요. 오빠들은 무서울 수도 있겠네요. 부모보다 오빠를 더 무서워하는 여동생도 있지요.

③ 將仲子兮 無踰我園 無折我樹檀 豈敢愛之
   畏人之多言 仲可懷也 人之多言 亦可畏也.

'장중자혜 무유아원'에서는 연인이 더 가까이 왔습니다. 집
안으로 들어왔으니까요. '동산 원'(園)은 여기서는 나무를 심
어 놓은 채마밭 울타리입니다. '오지 마세요'라는 여인의 말
을 '나를 만나러 오세요'로 알아들은 연인이 마을 경계와 담
장을 넘어 집 울타리 안으로 들어왔군요.

　'무절아수단 기감애지', 이번에는 박달나무[檀]를 꺾지
말라, 상하게 하지 말라고 부탁하네요. 박달나무는 쓰임새
가 많은 나무이지요. 단단해서 다듬이 방망이나 방아와 절
구공이를 만들고 수레바퀴, 바퀴살을 만들기도 했는데요.
지금 이 여인의 집 뜰에도 박달나무가 있군요. 박달나무는
쉽게 꺾일 나무가 아닌데, 꺾지 말라니, 아무래도 조심해서
찾아와 달라는 당부 같습니다.

　'외인지다언 중가회야 인지다언 역가외야'에서는 두려
워하는 대상이 부모나 형제가 아니라 사람들[人]의 '다언'(多
言), 많은 말이네요. 이러쿵저러쿵하는 구설수로 푸시면 되

는데, 이 여인은 부모님, 오빠들의 꾸지람보다 동네 소문을 더 무서워하는 것 같군요. 우리도 동네 평판, 소문에 신경 쓰며 살던 때가 있었지요. 1970년대만 해도 부모님이 딸이 연애하면 동네 창피하다고 하셨거든요. 지금이야 옆집 아이들 얼굴도 잘 모르는 경우가 많지만요. 무엇보다 젊은이들이 연애를 한다고 하면 무조건 축하하는 시대가 되었구요.

『모시』에서는 〈장중자〉를 정 무공의 아들 장공(莊公)을 풍자한 시로 봅니다. 신하 채중의 간언을 무시하여 형제 사이의 권력 투쟁이라는 후환을 조장한 내용을 담았다고 보았지요. 이렇게 보면 〈장중자〉는 다음에 나올 〈숙우전〉, 〈대숙우전〉과 연결됩니다.

하지만 주자는 '음분자', 즉 자유연애에 빠진 여인의 사랑 노래라고 합니다. 『시경』 해석의 역사에서 파격적인 전환이지요. 주자는 이렇게 말하는 겁니다. "시의 내용에 집중하자. 뭐 그리 복잡하게 정치적 코드를 가져올 필요가 있는가! 그냥 사랑에 빠진 여인의 노래로 보면 되는데." 그렇지요. 다만 연인들을 '음분자'라고 해서 불편하지요.

3. 숙우전叔于田

叔于田 巷無居人
숙 우 전 항 무 거 인

숙이 사냥을 가니
거리에 사람이 없는 듯.

豈無居人
기 무 거 인

어찌 사는 사람이
없으리오,

不如叔也 洵美且仁
불 여 숙 야 순 미 차 인

숙처럼 / 참으로 멋있고 인자하지
못하기 때문이네.

叔于狩 巷無飮酒
숙 우 수 항 무 음 주

숙이 사냥을 가니
거리에 술 마시는 사람이 없는 듯.

豈無飮酒
기 무 음 주

어찌 술 마시는 사람이
없으리오,

不如叔也 洵美且好
불 여 숙 야 순 미 차 호

숙처럼 / 참으로 멋있고 훌륭하지
못하기 때문이네.

叔適野 巷無服馬
숙 적 야 항 무 복 마

숙이 사냥을 가니
거리에 말 탄 사람이 없는 듯.

豈無服馬
기 무 복 마

어찌 말 타는 사람이
없으리오,

不如叔也 洵美且武
불 여 숙 야 순 미 차 무

숙처럼 / 참으로 멋있고 용감하지
못하기 때문이네.

우선 〈숙우전〉과 바로 다음에 나오는 〈대숙우전〉의 시 제목에 대해 정리하고 가겠습니다. 〈숙우전〉, 〈대숙우전〉이 모두 〈숙우전〉이었는데 두 작품을 구별하기 위해 뒤의 작품에 '대' 자를 붙였다는 것이 통설입니다. 주자는 〈대숙우전〉 말미에 소동파의 견해를 인용하여, 자신의 입장을 밝혔습니다.

소동파가 말하였다. "두 시가 모두 제목을 '숙우전'이라고 하였기 때문에 '대' 자를 더하여 구별한 것이다. 이것을 알지 못하는 사람들이 마침내 단(段)에게 태숙(太叔)의 칭호가 있었다고 하여 대(大)를 태(泰)로 읽고, 또 '대' 자를 '대숙우전'의 원문 1장에 더하니, 이는 잘못이다."

蘇氏曰: "二詩皆曰叔于田. 故加大以別之,
소 씨 왈   이 시 개 왈 숙 우 전   고 가 대 이 별 지
不知者乃以段有大叔之號, 而讀曰泰, 又加大于首章,
부 지 자 내 이 단 유 태 숙 지 호   이 독 왈 태   우 가 대 우 수 장
失之矣."
실 지 의

〈대숙우전〉의 1장 시작이 '대숙우전'(大叔于田)으로 되어 있는 판본이 있는데, 소동파는 두 작품을 구별하기 위해 제목에 '대' 자를 붙인 것일 뿐, 시 원문에도 '대' 자를 붙이는 것은 잘못이라고 합니다. 같은 제목의 시가 연이어 나올 때 글

자를 덧붙여 구별하는 경우가 있지요. 또 같은 제목의 시가 「소아」와 「대아」, 두 곳에 있을 경우 「소아」에 수록된 작품들 앞에 '소'를 덧붙이기도 한답니다. <소민>(小旻), <소완>(小宛), <소변>(小弁), <소명>(小明), 이런 식으로요.

<숙우전>과 <대숙우전>, 두 편에 등장하는 '숙'이란 인물에 대해 간략히 말씀드리고 시를 읽어야겠군요. '숙'은 정 장공의 동모제(同母弟) 공숙단(共叔段)을 말합니다. 나중에 단은 모반 혐의로 '공'(共) 땅으로 도망갔는데요, 그 이후 '공숙단', '공 땅에 있는 제후의 동생 단'이란 호칭이 생긴 것이지요. 이 시는 모반 사건 이전의 상황을 배경으로 합니다. 이들 형제와 관련된 일련의 사건들은 『춘추좌씨전』 노 은공 원년(기원전 722년)에 나옵니다.

물론 두 작품을 형제의 권력투쟁이 아니라 민간의 남녀 상열지사로 보는 입장도 있습니다. 특히 <숙우전>은 이렇게 보고 싶군요. 너무도 멋진 애인이 사냥을 가니 거리가 텅 빈 것같이 허전하다는, 사랑에 눈먼 여인의 노래로. 이런 경험이 있으신가요? 애인이 군대에 가니 세상이 텅 빈 것 같은.

이제 이 두 작품을 보는 주자의 입장을 보겠습니다.

공숙단이 의롭지 않은데도 민심을 얻어 나라 사람들이 그를 사랑하였다. 그래서 이 시를 지었다.

段不義而得衆, 國人愛之. 故作此詩.
단 불 의 이 득 중   국 인 애 지   고 작 차 시

그렇습니다. 공숙단이 형 장공의 자리를 탐했으니, 의로운 인물이 아니라고 단정하는군요. 하지만 당시에는 장자 계승이 확립되지 않았답니다. 제 환공, 진 문공, 모두 장자가 아니지요. 능력과 야심을 품은 형제들이 제후의 자리에 도전하여 성공하기도 실패하기도 했답니다. 사실 왕조 시대에도 장자 계승이 순탄하게 이어진 경우가 많지 않지요. 조선의 왕들만 봐도 그렇습니다.

주자는 의롭지 않은 인물이라고 했지만 시를 보면 국인의 사랑을 독차지했고, 이런 연가의 주인공도 되었으니, 매력적인 인물이었군요. 무한 매력의 나쁜 남자 유형이었을까요? 여기서 '국인'(國人)은 도성 안의 귀족층을 말합니다.

그럼 정 장공과 공숙단 사이에서 일어난 일을 간략히 알아볼까요? 형제의 오랜 악연의 발단은 어머니 무강(武姜)의 편애였습니다.

이전에 정나라 무공이 신(申)나라 여인과 결혼했으니, '무강'이라고 불렀다. 그녀는 장공과 공숙단을 낳았다.

장공은 거꾸로 태어나는 난산으로 어머니를 놀라게 하였다. 이름을 '오생'이라 했는데, 그녀는 그 아들을 미워하였다.

그녀는 둘째 아들 공숙단을 사랑하여 제후로 세우고자 하여 여러 차례 남편 무공에게 청했으나 무공은 허락하지 않았다.

장공이 즉위하자 무강은 공숙단을 위하여 제(制) 땅을 줄 것을 청하였다.

장공이 말했다.

"제 땅은 바위투성이의 험지로 괵숙(虢叔)이 그곳에서 죽었습니다. 다른 읍을 명해 주십시오."

경(京) 땅을 줄 것을 청하자 장공은 공숙단을 그곳에 살게 하였다. 그래서 공숙단을 '경성태숙'이라고 불렀다. 『춘추좌씨전』 '노 은공' 원년

初, 鄭武公娶于申, 曰武姜. 生莊公及共叔段.
초 정무공취우신 왈무강 생장공급공숙단

莊公寤生, 驚姜氏, 故名曰寤生, 遂惡之.
장공오생 경강씨 고명왈오생 수오지

愛共叔段, 欲立之. 亟請於武公, 公弗許.
애공숙단 욕립지 기청어무공 공불허

及莊公即位, 爲之請制.
급장공즉위 위지청제

公曰: "制, 巖邑也, 虢叔死焉, 佗邑唯命."
공왈 제 암읍야 괵숙사언 타읍유명

請京, 使居之, 謂之 "京城大叔".
청경 사거지 위지 경성태숙

정 장공의 이름이 '오생'인데, 여기서 '잠 깰 오'(寤) 자는 '거스를 오'(牾)의 뜻입니다. '오생'은 '역생'(逆生), '역산'(逆産)으로 아이가 다리부터 거꾸로 나오는 난산을 말합니다. 어머니 무강은 태어나면서 자신을 놀라고 힘들게 한 큰아들을 미워했군요. 그래서 작은아들 공숙단을 편애했고. 후계 구도를 바꾸려 했는데, 남편 무공 생전에 뜻을 이루지 못했네요. 아쉬움을 버리지 못한 그녀는 큰아들 장공에게 동생에게 봉지를 더 주라고 청합니다. '경성태숙'이 된 동생은 성곽을 세우고 식량과 무기를 준비해서 형을 공격하지요. 어머니 무강도 사랑하는 아들 공숙단을 적극적으로 돕습니다. 하지만 공숙단은 형의 선제공격으로 공(共) 땅으로 망명하게 됩니다. 형 장공이 어머니와 동생의 동정을 예의주시하면서 치밀하게 반란을 진압할 만반의 준비를 하고 있었거든요. 이제 많은 사람이 사랑한 공숙단을 만나 봅시다.

① 叔于田 巷無居人 豈無居人 不如叔也 洵美且仁

'숙우전 항무거인'에서 '숙'은 장공의 동생 공숙단이지요. '밭 전'(田)은 동사로 '사냥하다'[取禽]라는 뜻입니다. 숙이 사냥을 나가면 거리에[巷] 사람이 없는 듯[無居人] 텅 빈 것 같다니,

대단하군요.

그다음 '기무거인'은 '어찌[豈] 거리에 사는 사람이 없겠어요?[無居人]'라는 뜻입니다. '불여숙야'의 '불여'(不如)는 'A 不如 B'(A는 B만 못하다)에서 A가 생략된 것이지요. 거리에 많은 사람들이 있지만 공숙단만 못하다는 겁니다. 그렇다면 숙은 어떤 사람일까요? '순미차인'에서 '진실로 순'(洵)은 부사입니다. 사냥을 나간 공숙단은 참으로[洵] 멋지고[美] 또[且] 어진 사람[仁]이군요. 그가 사냥을 가면 거리가 텅 비어 사람이 없는 것처럼 느껴질 정도로.

『춘추좌씨전』의 기록을 보면 기원전 722년 여름 5월에 공숙단은 형을 습격하려다 실패하고 공(共)으로 도망갑니다. 그래서 그를 '공숙단'(共叔段)이라 부르는 것이지요. 그런데 동생의 모반을 어머니 무강이 도왔다는 것을 알게 된 장공은 어머니를 유폐하고 "내가 죽어서 황천에 가기 전에는 어머니를 만나지 않겠다"고 맹세합니다. 전해지는 기록을 보면 동생의 모반을 조장하여 정적을 쫓아낸 장공도 비난하지만, 공숙단에 대한 기록은 부정 일변도입니다. 형에게 받은 경 땅에서 독자적으로 세력을 구축했으니까요. 경 땅 사람들은 어머니와 동생의 행동을 예의주시하고 있던 장공이 전차 부대를 보내자 공숙단을 배반하고 투항하고 맙니다.

공숙단은 매력은 넘쳤지만 치밀한 전략가는 아니었던 모양입니다. 사실 형 장공은 한 시대를 풍미했던 강력한 제후로, 당대의 그 누구도 대적할 수 없었지요.

〈숙우전〉의 내용은 이런 역사 기록과는 다릅니다. 왜일까요? 나중에 반란을 기도했지만 공숙단은 매력 넘치는 인물이었겠지요. 민심을 얻고 이런 노래가 전해질 정도로. 형과의 투쟁에서 패했기 때문에 '불의한 인물'로 기록이 남았지만요. 우리만 이런 고민을 하는 것은 아니랍니다. 당나라의 대학자 공영달은 공숙단은 '난을 일으킨 역적'[作亂之賊]이라고 단정합니다. 〈숙우전〉에서 그가 아름답고 어질다고 한 것은 그냥 나라 사람들이 그를 좋아했다는 말일 뿐, 실제로 그가 대단한 인물은 결코 아니었다고요. 글쎄요? 저는 이렇게 역사 기록과 시의 내용 사이에 차이가 클 경우, 기록의 사실성을 인정하더라도 시 속에 역사 기록이 누락한 숨겨진 진실이 있다고 생각한답니다. 망명한 공숙단은 정나라로 돌아오지도 못했지만 한때는 어머니의 사랑과 나라 사람들의 선망을 독차지했을 정도로 매력이 넘치는 인물이었다고. 어쩌면 그는 음흉한 형의 계략에 말려들었고, 역사에 불의한 패배자로 남을 수밖에 없었던 불운한 인물이었다고. 이렇게 시가 남아 있는 것이 얼마나 다행이냐고.

② 叔于狩 巷無飮酒 豈無飮酒 不如叔也 洵美且好

'숙우수'에서 '수'(狩)는 1장의 '전'과 마찬가지로 '사냥하다'의 뜻입니다. 그런데 '수'는 '동렵'(冬獵), 즉 '겨울 사냥'을 말합니다. 농경사회에서 군주의 '사냥'은 주로 겨울에 거행하는 국가적인 큰 행사였습니다. 가을 추수 후에 겨울 사냥을 가는데, 바로 군사 총훈련이기도 했지요.

'수'(狩) 자의 용례 중 '순수'(巡狩)의 의미를 볼까요? '진흥왕순수비'(眞興王巡狩碑)에도 '순수'라는 단어가 나오지요. '순수'는 군주가 자신의 나라 곳곳을 다니는 '순행'(巡幸)을 말합니다. 군주의 순행도 농번기를 피했기 때문에 '겨울 사냥 수' 자가 쓰인 것이지요.

숙이 사냥을 떠나자 '항무음주', 즉 '길거리에 술 마시는 사람이 없는 것 같다'고 하네요. '불여숙야 순미차호'는 1장과 같은데 맨 마지막 글자만 '인'(仁)이 '호'(好)로 바뀌었군요. '호'는 '훌륭하다'는 뜻입니다.

③ 叔適野 巷無服馬 豈無服馬 不如叔也 洵美且武

마지막 3장을 보겠습니다. '숙적야 항무복마'에서 '적'(適)은

'갈 지'(之)와 같은 뜻으로 '~로 가다'라고 푸시면 됩니다. 이번에는 공숙단이 교외[野]로 나갔군요. 그러자 거리에[巷] 말을 탄 사람[服馬]이 없이 텅 빈 것 같다네요. '옷 복'(服)은 여기서는 '탈 승'(乘)의 뜻입니다. '복마'는 말을 탄 사람이지요. '기무복마'는 '어찌 말 탄 사람이 없겠는가'의 뜻이죠. '불여숙야 순미차무'는 앞의 두 장과 같고, 마지막 글자만 '무'(武)로 바뀌었네요. '굳셀 무'(武)는 공숙단이 용감하다는 것입니다.

이렇게 3장 5구의 〈숙우전〉을 읽었습니다. '아름답고, 어질고, 멋있고 용맹한 남성', 공숙단의 모습이 그려지시나요. 이 시는 '남여상열지사'(男女相悅之詞)로 보면 좋지요. 사랑하는 사람이 내 눈에 보이지 않으면 거리가 텅 빈 듯 허전하다는 눈먼 사랑의 노래로요. 〈장중자〉와도 통하구요. 하지만 〈숙우전〉, 〈대숙우전〉을 공숙단에 대한 노래로 풀었던 해석의 역사를 무시할 수도 없답니다. 주자도 국인이 공숙단을 사랑한 노래로 보았지요. 짧은 작품인데 배경 때문에 설명이 장황해졌군요.

4. 대숙우전 大叔于田

叔于田 乘乘馬
숙 우 전 승 승 마

숙이 사냥을 가니
네 마리 말이 끄는 수레를 탔구나.

執轡如組 兩驂如舞
집 비 여 조 양 참 여 무

고삐를 쥔 것이 실타래처럼 부드럽고
양쪽 참마는 춤을 추듯 하네.

叔在藪 火烈具舉
숙 재 수 화 열 구 거

숙이 사냥터에 있으니
횃불이 일제히 타오르네.

襢裼暴虎 獻于公所
단 석 포 호 헌 우 공 소

웃통을 벗고 맨 손으로 범을 잡아
공이 있는 곳에 바친다네.

將叔無狃 戒其傷女
장 숙 무 뉴 계 기 상 여

원컨대 숙은 이런 일을 하지 마시라.
그대가 다칠까 경계하노라.

叔于田 乘乘黃
숙 우 전 승 승 황

숙이 사냥을 가니
네 마리 황마가 끄는 수레를 탔구나.

兩服上襄 兩驂鴈行
양 복 상 양 양 참 안 행

두 복마는 달리고
두 참마는 기러기처럼 따르네.

叔在藪 火烈具揚
숙 재 수 화 열 구 양

숙이 사냥터에 있으니
횃불이 일제히 타오르네.

叔善射忌 又良御忌
숙 선 사 기 우 량 어 기

숙은 활도 잘 쏘고
말도 잘 모는구나.

抑磬控忌 抑縱送忌
억 경 공 기 억 종 송 기

말을 몰고 멈추고 / 연달아 활을 쏘네.

叔于田 乘乘鴇
숙 우 전 승 승 보

숙이 사냥을 가니 / 네 마리 오추마
가 끄는 수레를 탔구나.

兩服齊首 兩驂如手
양 복 제 수 양 참 여 수

두 복마는 나란히 달리고
두 참마는 손처럼 따르네.

叔在藪 火烈具阜
숙 재 수 화 열 구 부

숙이 사냥터에 있으니
횃불이 일제히 타오르네.

叔馬慢忌 叔發罕忌
숙 마 만 기 숙 발 한 기

숙의 말이 느려지고
숙의 활쏘기 뜸해지는구나.

抑釋掤忌 抑鬯弓忌
억 석 붕 기 억 창 궁 기

화살통을 풀고
활을 활집에 넣는다네.

〈대숙우전〉은 3장 10구의 작품으로 〈숙우전〉에 비하면 2배 분량입니다. 사냥터에서 발군의 실력을 발휘하는 '숙'의 매력으로 가득 차 있네요. 아! 이래서 '길에 사람이 없는 듯하다'고 했구나, 실감하실 겁니다. 우선 〈대숙우전〉의 각 장은 '숙우전'으로 시작하는 4구와 '숙재수' 이하의 6구, 이렇게 두 부분으로 나뉩니다. 앞은 사냥을 떠나는 모습이고 뒤는 사냥터에서의 활약상을 그렸습니다. 이제 고대의 멋진 남성을 만나 볼까요?

① 叔于田 乘乘馬 執轡如組 兩驂如舞
　　叔在藪 火烈具舉 襢裼暴虎 獻于公所
　　將叔無狃 戒其傷女

'숙우전 승승마', 이번에도 숙이 사냥을 가는군요[田]. '승마'(乘馬)를 타고서[乘]. '승승마'에서 앞의 '탈 승'(乘)은 '~을 타다'라는 동사입니다. '승마'의 '승'은 '네 마리 말이 끄는 수레'이지요. 『맹자』에서는 '승'으로 나라의 규모를 말합니다. 천자의 나라는 '만승지국'(萬乘之國), 제후의 나라는 '천승지국'(千乘之國), 대부의 나라는 '백승지가'(百乘之家)라고요. 그럼 1승에는 얼마의 인적, 물적 자원이 동원되는 걸까요? 우선 4마리의 말과 전투용 큰 수레가 있어야겠지요. '승'에는 마부 포함 세네 명의 귀족 전사가 탑니다. 그리고 그 뒤에는 80여 명의 보병이 따르지요. 이 정도는 눈으로 확인할 수 있는 건데요. 이외에 이들이 갖추는 갑옷과 각종 무기, 병사들의 식량과 말의 먹이, 그밖에 수많은 물품과 운반하고 관리하는 인력이 필요하지요. 네 식구 1박 2일 캠핑에도 준비 물품이 산더미인데⋯. 맹자가 살았던 기원전 4세기에 7개의 만승지국이 천하의 패권을 다투었으니, 백성들은 편안한 날이 없었습니다. 이 시의 배경이 되는 춘추 초기(기원전 8세기

말)도 제후국 사이의 전쟁, 분쟁이 이어졌지요. 정나라처럼 형제간의 싸움도 빈번했고요.

물론, 이 시에 나오는 '승마'(乘馬)가 이 정도의 규모는 아니었을 겁니다. 하지만 '승마'를 타고 많은 사람을 거느리고 사냥을 가는 공숙단에게서 병사를 훈련시키고 무기를 만들면서 대사를 준비하는 모습이 보입니다. 사냥은 바로 군사 훈련이기도 하니까요.

'집비여조 양참여무', 「패풍」〈간혜〉에 나왔던 '집비여조'가 다시 나왔군요(『시경 강의』 2, 139쪽). 말고삐를 쥔 모습이 실타래를 쥔 것처럼 유연하다는 것이지요. '잡을 집'(執), '말고삐 비'(轡), '끈 조'(組)입니다. 숙이 직접 수레를 모는데, 그 솜씨가 대단하군요. 승마의 말고삐는 6줄입니다. 6줄의 말고삐를 실타래를 쥔 듯 유연하게 흔들면서 자신만만한 모습으로 사냥 가는군요. 멋있지요. '양참여무'에서 '양참'(兩驂)은 두 마리의 '결마'를 말합니다. '결마 참'(驂) 자입니다. 수레를 끄는 네 마리에 말 중에서 가운데 두 마리는 '복마'(服馬)라하고 밖의 두 마리를 '참마'(驂馬)라고 하지요. 방향 전환하는 '참마'가 '여무'(如舞), 마치 '춤을 추듯' 달리고 있군요. 물론 공숙단의 능숙한 말몰이를 칭송한 것이지요.

'숙재수, 화열구거', 여기서부터는 공숙단이 사냥터에

있는 모습입니다. '늪 수'(藪)는 '못 택'(澤)의 뜻인데, 여기서 '늪', '못'은 물가에 수풀이 우거져 있는 구릉지로 짐승이 모여 있는 사냥하기 좋은 곳이지요. '화열구거'에서 '화'(火)는 사냥터에서 '불을 지르고 화살을 쏘는 것'인데요, 그 불길이 대단하군요. '세찰 열'(烈)로 '짐승을 한쪽으로 모는 불길이 성한 모습'을 표현했습니다. '들 거'(擧)는 사냥터의 불길이 치솟자 모든 사람들이[具] 일어나 짐승을 쫓는 것을 말합니다. 물론 다른 해석도 있습니다. 『모시』에서는 '열'(烈)을 '늘어설 렬'(列)로 보고 '늘어선 사람들이 횃불을 일제히 든다'로 풀었습니다.

'단석포호 헌우공소'에서 '단석포호'는 사냥터에서 공숙단의 행동을 클로즈업하여 표현한 것입니다. 웃통을 벗고 맨손으로 호랑이를 잡았다니, 단연 돋보이는군요. '단'(襢)과 '석'(裼)은 모두 '웃통을 벗다'라는 뜻입니다. '단'(襢)은 '단'(袒)과 같은 글자인데, '좌단'(左袒), '우단'(右袒)처럼 한쪽 어깨를 드러내어 편을 구별할 때도 쓰지요. 한나라 여태후가 죽은 직후 태위 주발이 궁궐에 진입할 때에 "여씨를 따르는 자는 우단을 하고 유씨를 따를 자는 좌단을 하라"고 했지요.『사기』 권9「여태후본기」 군사들이 모두 좌단을 해서 여태후 세력을 가볍게 진압할 수 있었고요.

'포호'(暴虎)는 '호랑이를 맨손으로 때려잡다'인데, '포'는 '맨손으로 잡을 포'입니다. '포호'는 「소아」〈소민〉에도 나옵니다. '감히 호랑이를 맨손으로 잡지 못하고, 감히 황하를 걸어서 건너지 못한다'[不敢暴虎, 不敢馮河]고요. 여기서 '호랑이를 맨손으로 때려잡고, 황하를 걸어서 건너다'라는 '포호빙하'(暴虎馮河)라는 성어가 나왔지요. 무모한 사람의 만용을 지적한 것인데요. 『논어』에서 공자님이 자로에게 한 말로 유명해졌죠. 〈대숙우전〉에서 '포호'는 공숙단의 용맹한 모습을 표현한 것으로 무모하다는 뜻이 아닙니다. 『논어』의 용례와는 다르지요. 그래도 복습도 할 겸 『논어』의 해당 부분을 읽고 가겠습니다.

공자께서 안연에게 말씀하셨다. "등용되면 도를 행하고 물러나면 숨는 것은 오직 나와 너만이 할 수 있다."

자로가 말했다. "선생님께서 삼군을 통솔하신다면 누구와 함께하시겠습니까?"

공자께서 말씀하셨다. "맨손으로 호랑이를 잡고, 걸어서 황하를 건너다가 죽더라도 후회하지 않는 사람과 나는 함께하지 않을 것이다. 반드시 일을 맡으면 두려워하고 도모하기를 잘하여 성공하는 사람과 함께할 것이다." 『논어』「술이」

子謂顔淵曰 : "用之則行, 舍之則藏, 唯我與爾有是夫!"
자위안연왈   용지즉행 사지즉장 유아여이유시부

子路曰 : "子行三軍, 則誰與?"
자로왈   자행삼군   즉수여

子曰 : "暴虎馮河, 死而無悔者, 吾不與也.
자왈   포호빙하 사이무회자 오불여야

必也臨事而懼, 好謀而成者也."
필야림사이구   호모이성자야

　　지금 우리가 읽고 있는『시경』의 작품들을 공자도 읽고 가르쳤지요.『시경』,『서경』이 공자가 편집한 교과서였으니까요. 공자와 같은 책을 읽고, 이런 식으로 소통한다면 그것이 바로 '상우'(尙友)이지요. 시대를 거슬러 올라가 위대한 분들이 남긴 책을 읽고 생각을 공유하는 것. ── 이 세상 그 무엇과도 견줄 수 없는 멋진 일입니다.

　　다시 시로 돌아가 볼까요. '헌우공소'에서 '헌'(獻)은 '바칠 헌'입니다. '공소'(公所), 즉 공이 있는 곳에 바치는 것인데, 여기서 '공'(公)은 누구일까요? 네, 그렇습니다. 공숙단의 형 장공입니다. 그렇다면 이 사냥의 주최자는 정나라 제후 장공이군요. 동생이 스포트라이트를 받고 있으니, 기분이 좋을 리 없겠지요. 더구나 장공은 뛰어난 지도력으로 영토를 확장한 강력하고 명망 높은 제후였습니다. 무려 43년 동안이나. 재위 22년(기원전 722년)에 공숙단과 어머니 무강의 세력을 축출하면서 권력을 완전히 장악하고 패권을 추구하는데, 이때가 정나라의 최전성기이기도 했지요. 그의 사후 아들들의 후계 다툼과 패자 제 환공, 진 문공의 등장으로 정나라는 급속히 몰락하지만요.

'장숙무뉴 계기상여'에서 '장'(將)은 부사로 '바라건대'[請]란 뜻입니다. '친압할 뉴'(狃)는 여기서는 '익히다'[習]로 풉니다. 직역하면 '원컨대, 숙은 그 일을 익히지 마십시오'가 되는데요. 형 장공에게 사냥물을 바치면서 능력을 과시하는 '그런 일을 더 이상 하지 마세요!'라는 뜻이지요. 역시 공숙단을 사랑하는군요.

그다음 '계기상여'의 '여'(女)는 '너', '그대'라는 이인칭 대명사입니다. 그대가 '다칠까[傷] 경계하노라[戒]'인데 여기서 '경계할 계'(戒)는 '그렇게 용맹을 과시하지 말아라, 그러다가 형님에게 해를 입을 수도 있다'는 뜻이 숨겨져 있습니다. 주자는 '숙이 재주가 많고 용맹한 것을 좋아하여 경계했으니, 정나라 사람들이 그를 사랑한 것이 이와 같았다'라고 했네요. 이런 상황을 예의주시하고 있던 형 장공의 마음은 어떨까요? '제후는 엄연히 나인데…' 하면서 질투, 시기, 원망으로 부글부글 끓어올랐을 겁니다.

② 叔于田 乘乘黃 兩服上襄 兩驂鴈行
　　叔在藪 火烈具揚 叔善射忌 又良御忌
　　抑磬控忌 抑縱送忌

‘숙우전 승승황’, 이번에는 ‘승황’(乘黃)을 탔군요. 네 마리 말
이 모두 황색이니 더욱 멋있지요. ‘양복상양 양참안행’, 두
마리 복마와 두 마리 참마를 말하네요. ‘도울 양’(襄)은 여기
서는 ‘멍에’[駕]로 ‘상양’은 두 복마에 멍에를 얹었다는 것이
지요. 말 중에 가장 뛰어난 말에 멍에를 매기 때문에 ‘상양’
에는 ‘말 중에 가장 뛰어나다’란 뜻도 있답니다. ‘양참안행’
에는 ‘기러기 안’(鴈) 자가 나왔네요. ‘안행’(鴈行)은 기러기 떼
처럼 질서 있게 가는 것이지요. 여기서는 ‘참마가 복마보다
조금 처져서 달리는 모습이 기러기 행렬과 같다’는 뜻입니
다. 국인들이 이런 숙우단의 모습을 보면서 아름답고, 인자
하고, 멋있고, 용감하다고 칭송한 것이지요. 옛 영화 「벤허」
에서 전차 경기하는 말들이 질주하는 장면을 연상하셔도 좋
습니다. 너무 오래된 영화인가요? ‘인문학당 상우’ 맞은편에
있는 대한극장에서 1980년대 초에 장기 상영했었지요.
　　‘숙재수 화열구양’에서 ‘오를 양’(揚)은 1장의 ‘거’(擧)와 같
은 뜻입니다. 불길이 타오르고 사람들이 일제히 움직이는

것이지요. '숙선사기 우량어기', 역시 공숙단의 사냥 솜씨가 눈길을 사로잡습니다. <대숙우단>의 2장과 3장의 마지막 두 구절은 '누를 억'(抑) 자로 시작하죠. 마지막 네 구절이 모두 '꺼릴 기'(忌) 자로 끝나는 것도 확인할 수 있습니다. 이때 억(抑)과 기(忌) 두 글자는 모두 어조사로 해석하지 않습니다. 이 점을 염두에 두고 '숙선사기, 우량어기'를 보겠습니다. '숙선사기'는 '공숙단의[叔] 활 솜씨가[射] 대단하군요[善]', '우량어기'는 '또[又] 말 모는 실력도[御] 뛰어나고요[良]'라고 해석하면 됩니다. '어'(御)는 '말 몰 어'이고, '선'(善)과 '양'(良)은 '~을 잘하다', '~에 뛰어나다'라는 동사로 '능'(能)으로 바꿀 수 있습니다.

'억경공기 억종송기'에서도 '억'과 '기'는 어조사로 해석하지 않고 '경공'(磬控)과 '종송'(縱送)만 해석하시면 됩니다. '경공'은 '경쇠 경'(磬), '당길 공'(控)이 모인 말인데 '말을 달리는 것'[騁馬]이 '경'이고, '말을 멈추는 것'[止馬]이 '공'입니다. 고삐를 당겨 말을 멈추게 하는 것이지요. 사냥에서 짐승을 쫓아가려면 급발진하듯이 갑자기 말을 빨리 몰기도 하고 어느 때는 급정지시키기도 해야겠지요. 종횡무진 사냥터를 누비는 공숙단의 모습, 영화의 한 장면 같군요.

'억종송기'에서 '종'(縱)은 화살을 쏘는 것[舍拔]이고,

'송'(送)은 '화살을 다시 시위에 얹는 것'[覆猲]입니다. 지금 공숙단은 자유자재로 말을 몰고 화살을 쏜 후에 지체 없이 다시 시위를 메깁니다. 연달아 화살을 쏘면서 맹활약하고 있군요. 형 장공이 예의주시하는 것도 모른 채. 시를 읽다 보면 어머니의 사랑을 독차지한 철없는 남동생의 이미지가 떠오릅니다.

③ 叔于田 乘乘鴇 兩服齊首 兩驂如手
　　叔在藪 火烈具阜 叔馬慢忌 叔發罕忌
　　抑釋掤忌 抑鬯弓忌

'숙우전 승승보', 이번에는 '승보'(乘鴇)를 탔군요. '너새 보'(鴇)는 여기서는 '흰 털이 섞인 검은 말'로 보통 '오총'(烏驄), '오추마'라고 합니다. 『시경』에는 말의 종류가 많이 나옵니다. 출산지, 크기, 털 색깔 등에 따라 이름도 다양하지요. 전근대 국가에서 말은 핵심 전력(戰力)으로 국가의 집중 관리 대상이었지요. 귀족의 최고 사치품이기도 했구요.

　　당시(唐詩)를 보면 고가의 명마를 산 귀족들은 떠들썩하게 축하 파티를 합니다. 지금 고급차를 사면 시승식을 하듯이. 이런 파티에서 시인들은 말을 예찬하는 시를 지어 주인을 기쁘게 하지요. 두보(杜甫)의 젊은 날의 시에는 유독 말과 관련된 작품이 많습니다. 시재(詩才)를 뽐내면서 이런 시에 불우한 자신의 처지를 담아내기도 했답니다.

두보가 고선지(高仙芝) 장군의 '총마'를 예찬한 〈고도호 총마행〉이 유명한데, 이왕 말 이야기가 나왔으니, 읽어 보겠습니다. 두보가 38세(749년)에 지은 작품으로 『고문진보』 전집 권10에도 실려 있답니다.

고도호의 총마에 대한 노래(高都護驄馬行)

안서도호의 서호에서 자란 청총마
높은 명성과 평가 지닌 채 갑자기 동쪽 장안에 왔네.
이 말이 적진에 임하면 오랫동안 대적할 이 없으니
사람과 한마음이 되어 큰 공 이루었네.
공을 이룬 후에는 귀하게 길러지고 공이 이르는 곳마다 따르니
표표히 멀리 사막에서 왔다오.
웅장한 자태는 마판에서 길러지는 은혜 받으려 하지 않고
용맹한 기세는 아직도 전장에 빨리 달려가려 하는구나.
발목이 짧고 발굽이 높아 쇳덩이 뉘어 놓은 듯

교하에서 몇 번이나 두툼한 얼음을 깨뜨렸나.

오색 털빛 흩어져 구름이 온몸에 가득 퍼진 듯

만리를 달려야 비로소 피땀이 흐른다네.

장안의 장정들도 감히 타지 못하니

번개보다 더 빨리 달림은 온 성안이 안다네.

푸른 비단실로 머리 묶고 주인 위해 늙어 가니

어찌하면 횡문의 길로 나가 서역까지 달려 보나.

安西都護胡靑驄, 聲價欻然來向東.
안 서 도 호 호 청 총　　성 가 훌 연 래 향 동

此馬臨陣久無敵, 與人一心成大功
차 마 림 진 구 무 적　　여 인 일 심 성 대 공

功成惠養隨所致, 飄飄遠自流沙至
공 성 혜 양 수 소 치　　표 표 원 자 류 사 지

雄姿未受伏櫪恩, 猛氣猶思戰場利
웅 자 미 수 복 력 은　　맹 기 유 사 전 장 리

腕促蹄高如踣鐵, 交河幾蹴層冰裂
완 촉 제 고 여 북 철　　교 하 기 축 층 빙 렬

五花散作雲滿身, 萬里方看汗流血
오 화 산 작 운 만 신　　만 리 방 간 한 류 혈

長安壯兒不敢騎, 走過掣電傾城知.
장 안 장 아 불 감 기　　주 과 체 전 경 성 지

靑絲絡頭爲君老, 何由却出橫門道
청 사 락 두 위 군 로　　하 유 각 출 횡 문 도

두보의 시는 한순간에 몰입하게 만드는 무한 매력이 있
지요. 다시 <대숙우전>으로 돌아올까요? '양복제수 양참여
수', 또 복마, 참마가 나오는군요. '제수'(齊首)는 두 마리 복
마가 '머리를 나란히' 하고 달리는 모습입니다. '가지런할

제'(齊)는 '나란히 하다'의 뜻이지요. '여수'(如手)는 두 마리 참마가 손[手]처럼 복마보다 약간 뒤처져 달리는 모습입니다. 우리가 걸을 때 발보다는 손이 약간 뒤에 움직이는 것처럼요. 2장에서는 '안행'(雁行)이라 했는데 여기서는 표현을 바꿔 '여수'(如手)라고 한 겁니다.

'숙재수 화열구부'에서 '언덕 부'(阜)는 여기서는 '성대하다'[盛]라는 뜻입니다. '숙마만기, 숙발한기'는 사냥이 끝나갈 때의 공숙단의 모습입니다. '숙마만기'에서 '만'(慢)은 '게으를 만'으로, 숙이 탄 말[叔馬]이 느리게[慢] 움직이는 것입니다. '숙발한기'에서 '한'(罕)은 '드물 한'이지요. 연달아 쏘던[發] 숙의 화살이 뜸해졌네요.

'억석붕기, 억창궁기'는 '석붕'과 '창궁'만 해석하면 되겠네요. '석붕'의 '석'(釋)은 '풀다'이고, '붕'(掤)은 '화살 통 뚜껑'이니, 화살 통을 풀어 덮개를 덮는 겁니다. '창궁'은 '활집 창'(鬯), '활 궁'(弓)으로 활을 활집에 넣는 것입니다. 모두 사냥을 마무리하는 동작이지요.

주자는 3장이, 사냥이 끝나갈 때 공숙단이 차분히 정돈하는 모습을 말하고, 그가 큰 탈, 부상 없이 사냥을 마무리한 것을 기뻐하는 말이라고 하네요. 공숙단을 노래한 두 작품에 국인들의 무한 애정이 담겼다고 본 것이지요. 동생의 행동을 방조한 장공을 풍자한 시로 보는 『모시』의 해석을 따르지 않은 겁니다.

시를 다 읽었는데요. 시와 관련된 후일담을 간략히 말씀드리고 가겠습니다. 형제의 전쟁 이후 장공은 어머니 무강을 어떻게 대했을까요? 어머니에 대한 유감이 컸던 장공은 어머니를 유폐하고 이렇게 말합니다. "내가 죽어서 황천에 가기 전에는 어머니를 만나지 않겠다"고. 하지만 곧 후회하지요. 하지만 공개적으로 한 말이 있으니 다시 어머니를 만날 수도 없지요. 이때 영고숙이란 인물이 등장하여 해결책을 제시합니다. 깊게 황천과 같은 굴을 파서 그곳에서 어머니를 만나라고.

굴에서 어머니를 만난 장공은 이렇게 노래했다고 합니다. "굴 안에서 어머니를 만나니 기쁨이 넘쳐라!" 어머니 무강은 이렇게 노래했습니다. "굴 밖으로 나오게 되니 기쁨이 가득하구나!" 어머니와 아들이 관계를 회복했다고는 하는데, 글쎄요? 출산의 고통으로 오랫동안 아들을 미워했는데, 그 관계가 쉽게 회복이 되었을까요? 망명 중인 사랑하는 아들 단을 보호하기 위한 정치적 타협은 아니었을까요? 제가 두 사람 관계를 너무 정략적으로 보고 의심하는 걸까요?

5. 청인淸人

淸人在彭 駟介旁旁
청 인 재 방　사 개 방 방

청읍 병사들이 방 땅에 있으니
갑옷 입은 네 필 말이 달리네

二矛重英 河上乎翔翔
이 모 중 영　하 상 호 고 상

두 자루 창에 붉은 장식 달고
황하 가에서 노니는구나.

淸人在消 駟介麃麃
청 인 재 소　사 개 표 표

청읍 병사들이 소 땅에 있으니
갑옷 입은 네 필 말이 씩씩하네.

二矛重喬 河上乎逍遙
이 모 중 교　하 상 호 소 요

두 자루 창에 갈고리 달고
황하 가에서 왔다 갔다 하네.

淸人在軸 駟介陶陶
청 인 재 축　사 개 도 도

청읍 병사들이 축 땅에 있으니
갑옷 입은 네 필 말이 여유롭구나.

左旋右抽 中軍作好
좌 선 우 추　중 군 작 호

마부는 수레 돌리고 무사는 칼을 뽑
으니 / 장군은 의젓하구나.

3장 4구의 〈청인〉은 『춘추좌씨전』의 관련 자료
와 같이 봐야 합니다. 청읍 사람들이 왜 무기를 들고 황하 가
에 가 있는지, 상대할 적은 누구인지, 왜 이들은 그곳에서 하

릴없이 어슬렁거리고 있는지…, 시만 읽어서는 종잡을 수가 없지요.

『춘추좌씨전』노 민공 2년(기원전 660년) 경문에 '정나라가 자신의 군대를 버렸다'[鄭棄其師]고 나옵니다. 이때는 정나라 문공 13년이었는데요, 자신의 군대를 버리는 제후가 있다니…, 믿을 수 없지요. 전후 상황을 살펴봐야겠군요.

정나라 군주가 고극을 미워하여 그로 하여금 군대를 이끌고 황하 가에 주둔케 하고는 오래도록 부르지 않았다. 군대가 점점 무너져 군사들이 흩어져 귀국하고 고극은 진나라로 달아났다.

정나라 사람들이 그들을 위해 〈청인〉을 지어 불렀다.

鄭人惡高克, 使帥師次于河上, 久而弗召, 師潰而歸,
정 인 오 고 극   사 솔 사 차 우 하 상   구 이 불 소   사 궤 이 귀
高克奔陳.
고 극 분 진
鄭人爲之賦淸人.
정 인 위 지 부 청 인

어이가 없네요. 일국의 제후가 신하가 싫다고 이런 짓을 하다니. 이때 정나라 제후는 장공의 손자인 문공(재위 기원전 672~628)으로 그가 재위한 45년 동안 국운이 쇠합니다. 문공은 권신 고극의 세력을 꺾을 수 없자 군대를 이끌고 가서 적

인(狄人)의 공격에 대비하라는 명을 내립니다. 물론 이 해 겨울에 적인이 위(衛)를 멸망시킨 사건이 있었지요. 하지만 적인은 하수 북쪽에 머물다가 떠나갔고, 고극이 간 지역은 하수 남쪽입니다. 전쟁이 일어날 상황이 아니었는데도 문공은 귀환을 명하지 않았습니다. 군대는 출정할 때의 기세를 잃고 어슬렁거리다가 제풀에 흩어지고 말았지요.

군주가 신하를 내치는 방법은 여러 가지지요. 면직시키기 버거우면 죄를 뒤집어씌울 수도 있고, 추문을 만들 수도 있지요. 심지어 질 수밖에 없는 전쟁에 보내서 죽게 만드는 경우도 있답니다. 그중에서도 정 문공의 방법은 치졸한 하수이자 자기 발등을 찍는 것이지요. 고극은 망명했다지만 자신의 군대를 무력화시키다니⋯. 이외에도 문공이 자행한 자해 행위는 한두 가지가 아니랍니다. 권력 투쟁을 조장하여 아들들을 죽음으로 내몰기도 했으니까요. 역시 국난은 지도자의 무능, 내부 구성원의 분열에서 시작되는가 봅니다.

① 淸人在彭 駟介旁旁 二矛重英 河上乎翶翔

'청인재방 사개방방'에서 '청'(淸)은 정나라의 읍 이름[邑名]입니다. 장군 고극이 거느리고 떠났던 병사들의 고향이지요. 그러니 '청인'이란 고극과 고극의 군대를 말합니다. 지금 청읍 사람이 황하 부근 '방'(彭) 땅에 가 있네요. '성 팽' 자이지만 지명일 경우 '방'이라 읽습니다. 1장에서는 '방'(彭), 2장에서는 '소'(消), 3장에서는 '축'(軸)이라 하여 청인들이 가 있는 지명이 바뀌는데요. 모두 황하 유역의 정나라 변방 지역입니다. '사개방방'에서 '사개'는 '네 마리 말에 갑옷을 입힌 것'이지요. '네 마리 말 사'(駟), '갑옷 개'(介)인데, 이 정도면 최고 정예 부대가 움직인 겁니다. '두루 방'(旁)이지만 '방방'은 '말이 쉬지 않고 달리는 모습'이고요.

'이모중영'의 '이모'(二矛)는 두 개의 자루가 긴 창으로 이모(夷矛)와 추모(酋矛)를 말합니다. '이모'는 길이가 두 길[二丈]이고 '추모'는 두 길 네 자[二丈四尺]로 6미터가 넘는 긴 창들입니다. '꽃부리 영'(英)은 여기서는 '붉은 깃털로 만든 창의 장식'을 뜻합니다. 수레에 이모와 추모를 나란히 세워 놓으면 창의 장식이 겹쳐 보인다는 겁니다. 이렇게 멋진 창을 꽂은 수레를 타고 이들은 무엇을 할까요? 싸우러 왔지만 적은 없습니다. '하상호고상', 황하 가[河上]에서 하릴없이 노닐 뿐이지요. '날 고'(翱), '빙빙 돌아 날 상'(翔)으로, 앞에서 보았던 「회풍」의 <고구>(羔裘)에서 '고상'은 좋은 옷을 입고 이곳저곳으로 놀러 다니는 것이었지요. 여기서 '고상'은 멋진 수레를 몰면서 소일하는 겁니다. 무료한 것이지요. 적은 없는데, 귀환도 할 수 없으니까요.

주자는 주에서 '고상'을 '유희지모'(遊戱之貌)라고 합니다. 적이 없으니 자신들끼리 청군, 백군으로 나누어 장난치듯 전쟁놀이를 한다는 것이지요. 훈련이 아니라 유희를 하다니! 하지만 이처럼 노는 것도 하루 이틀입니다. 고향을 떠나 적인의 침입을 막으러 왔는데 어슬렁거리며 놀고 있으니 딱한 노릇이지요.

② 淸人在消 駟介麃麃 二矛重喬 河上乎逍遙

'청인재소', 이번에는 '소' 땅에 있네요. '사개표표'에서 '큰 사슴 표'(麃)는 '표표'가 되어 '씩씩한 모습'[武貌]입니다. '이모중교 하상호소요'에서 '높을 교'(喬)는 창 끝 갈고리를 말합니다. 원래 여기에 붉은 창 장식 '영'(英)을 묶지요. 하지만 주둔 기간이 길어지면서 장식은 해져 사라지고 갈고리만 남았군요. 귀환하지 못하고 있는 군대의 처지가 초라하고 딱할 뿐입니다. '소요'는 '고상'과 같은 뜻입니다.

③ 淸人在軸 駟介陶陶 左旋右抽 中軍作好

'청인재축 사개도도'에서 '축'(軸)도 황하 가의 지명입니다. '질그릇 도'(陶)가 중첩된 '도도'는 '즐거워하며 유유자적하는 모양'이지요. 여기서는 하릴없이 시간을 보내는 것이지만요.

'좌선우추 중군작호'를 풀어 볼까요? 여기서 '왼쪽 좌'(左)는 수레에서 장군의 왼쪽에 서 있는 마부를 말합니다. '돌 선'(旋)은 마부가 수레를 돌리는 것[還車]이지요. '오른쪽 우'(右)는 '용력지사'(勇力之士)로 장군의 오른쪽에 서 있는 무사입니다. 그는 전투에서 무기를 들고 장군을 보호하면서 적을 공격하는 최정예 용사이지요. '뺄 추'(抽)는 칼날을 뽑는 것입니다. 그럼 '중군'은 누구를 가리키는 말일까요? 수레 가운데에서 북을 치는 장군 고극이지요. 진격할 때 장군이 북을 치면서 병사들을 독려합니다. 지금 고극이 탄 수레의 마부는 수레를 돌리고, 오른쪽 병사는 칼을 뽑아 들었군요. 그 가운데 서 있는 장군 고극은 의젓하구요. '호'는 '용모가 아름다운 것'[容好]으로 의젓한 모양으로 보시면 됩니다.

그런데 지금 이 상황은 한마디로 어이가 없습니다. 전쟁 상황도 아닌데 왜 갑옷 입은 말들이 내달리고 무사는 칼을 빼서 공격 준비를 하나요? 주자는『근사록』(近思錄)을 같이 편집한 여조겸(呂祖謙, 1137~1181)의 말을 인용했습니다.

여조겸이 말하였다.

"군대가 출병한 지 오래되었는데도 돌아가지 못하여 무료해지자, 병사들이 놀면서 스스로 즐거워하니, 반드시 뿔뿔이 흩어질 형세임을 말한 것이다. 시에서 이미 흩어졌다고 하지 않고 장차 흩어질 상황을 말했으니, 그 말의 의미가 깊고 그 상황이 위태한 것이다."

東萊呂氏曰: "言師久而不歸, 無所聊賴,
동 래 여 씨 왈   언 사 구 이 불 귀   무 소 료 뢰
姑遊戲以自樂, 必潰之勢也. 不言已潰而言將潰,
고 유 희 이 자 락   필 궤 지 세 야   불 언 이 궤 이 언 장 궤
其詞深, 其情危矣."
기 사 심   기 정 위 의

『춘추』에서 '정나라가 자신의 군대를 버렸다'고 했지요. 이렇게 군주가 자신의 군대가 뿔뿔이 흩어지는 것을 좌시하는 어이없는 경우도 있답니다. '어찌 이런 일이!'라고 저절로 탄식이 나올 만한 일들이 종종 일어나는 것이 우리가 살고 있는 이 세상이기도 하지요.

6. 고구 羔裘

羔裘如濡 洵直且侯
고 구 여 유   순 직 차 후

검은 양가죽 갖옷이 윤이 나네. / 참
으로 옷결이 부드럽고 아름답구나.

彼其之子 舍命不渝
피 기 지 자   사 명 불 투

저 사람이여!
위급할 때도 변함이 없구나.

羔裘豹飾 孔武有力
고 구 표 식   공 무 유 력

검은 양가죽 갖옷에 표범 가죽 장식.
용감하고 힘이 있다네.

彼其之子 邦之司直
피 기 지 자   방 지 사 직

저 사람이여!
나라의 충직한 사람이구나.

羔裘晏兮 三英粲兮
고 구 안 혜   삼 영 찬 혜

검은 양가죽 갖옷이 선명한데
세 곳 장식이 빛나는구나.

彼其之子 邦之彦兮
피 기 지 자   방 지 언 혜

저 사람이여!
나라의 훌륭한 선비구나.

「정풍」〈고구〉를 읽겠습니다. 「회풍」에도 〈고구〉가 있었지요. 「회풍」의 〈고구〉, 「정풍」의 〈고구〉로 구별해 주십시오. 「회풍」의 〈고구〉는 국정을 방치하고 놀러 다니는

제후를 원망하는 노래였지요.「정풍」〈고구〉에서 주자는「모
시서」의 입장을 받아들이지 않고 다른 해석을 제시합니다.
「모시서」와『시집전』의 해당 부분을 같이 읽어 보겠습니다.

〈고구〉는 조정을 비판한 것이다.

옛날의 군자를 말하여 지금의 조정을 풍자한 것이다.「모시서」

羔裘, 刺朝也. 言古之君子, 以風其朝焉.
고 구   자 조 야   언 고 지 군 자   이 풍 기 조 언

검은 양가죽 갖옷이 윤택하니 털의 결이 바르고 아름다운
것이다. 이 옷을 입은 사람이 삶과 죽음이 결정되는 상황
에 직면해서도 능히 몸으로 그 배운 바의 이치를 지켜서 그
의 뜻을 빼앗을 수 없으니, 이는 대부를 찬미한 말이다. 하
지만 누구를 가리킨 것인지는 알지 못하겠다.『시집전』

言此羔裘潤澤, 毛順而美, 彼服此者當生死之際,
언 차 고 구 윤 택   모 순 이 미   피 복 차 자 당 생 사 지 제
又能以身居其所受之理而不可奪, 蓋美其大夫之詞.
우 능 이 신 거 기 소 수 지 리 이 불 가 탈   개 미 기 대 부 지 사
然不知其所指矣.
연 부 지 기 소 지 의

차이가 크군요. 앞의「모시서」에 의하면 이 시의 등장인
물은 지금은 찾아볼 수 없는 '고지군자'(古之君子), 옛사람이
됩니다. 지금 정나라 조정에 충정(忠正)한 신하가 없는 것을

풍자한 것이지요. 주자는 누군지는 모르지만 멋진 양가죽 옷을 입은 강직한 대부를 찬미한 시로 보았습니다. '풍자시' 를 '찬미시'로 바꾸어 읽은 것입니다.

지금 우리는 어떻게 읽어야 할까요? 아! 이런저런 해석 이 있구나, 하면서 멋진 남성을 노래한 작품으로 보면 어떨 까요? 멋진 가죽 재킷이 잘 어울리는, 뭇 여성의 시선을 사 로잡는….

① 羔裘如濡 洵直且侯 彼其之子 舍命不渝

'고구여유 순직차후'를 보겠습니다. '고구'는 대부(大夫) 이 상, 고위 관료가 입는 옷입니다. '유'(濡)는 '젖을 유'로 '여유' 는 윤택한 것[潤澤]인데요. 검은 양가죽 옷이 윤기가 있으면 서 광택이 나는 것이지요. 우린 어쩌다 이런 옷을 입은 사람 을 보면, '와우! 비싸겠다, 명품이겠지'라고 하겠지만 여기서 는 아닙니다. 옷을 입은 사람의 고상한 인격을 표현한 것이 니까요. 고등학교 국어 시간에 배운 대유법(代喩法)이지요.

'순직차후'의 글자를 보면 '참으로 순'(洵), '곧을 직'(直), '또 차'(且), '과녁 후'(侯)입니다. 주자는 '직'을 '따를 순'(順)으 로, '후'를 '아름다울 미'(美)로 풀었습니다. 지금 대부가 입은 옷의 털 결이 같은 방향으로 가지런하고 아름다운 것[毛順而美]을 말합니다. 모직 제품은 털의 방향이 한 방향일 때 더 윤이 나고 아름답지요. '제후'(諸侯)라고 할 때의 '후' 자에는 지금처럼 '아름답다'는 용례도 있답니다.

'피기지자 사명불투'에서 '피기지자'(彼其之子)를 볼까요? 우선 '기'(其)는 어조사입니다. '자'(子)는 '자'(者)와 같은 말로, '지자'(之者)는 '시자'(是者)와 같은 말입니다. 직역하면 '저기 그 사람'이 되겠지요? '저 사람이여'로 해석하면 무난합니다. '사명불투'에서 '달라질 투'(渝)는 '변하다'[變]로 '불투'는 변함이 없는 것이지요. '사명'의 '집 사'(舍)가 여기서는 '처'(處)인데, 주자는 '목숨이 왔다갔다하는 위기 상황에 처했을 때'로 봅니다. 이 양가죽 옷을 입은 대부는 평소에 가치관이 굳건한 인물로 어떤 위급한 상황에서도 그의 뜻을 빼앗을 수 없다고 하네요. 주자는 이 시의 인물을 목숨을 걸고 자신의 가치관을 지키는 지식인으로 본 것이지요. 근거는? 없습니다. '군자'는 마땅히 이래야 한다는 주자 본인의 가치관이 과잉 투사된 것인데, 조선시대 우리 선조들은 이런 해석에 적극 동의하셨지요. 아무렴, 지식인이라면 모름지기 이래야지 하시면서. 탐관오리(貪官汚吏)가 대부분인 세상에서 살았으면서도요.

② 羔裘豹飾 孔武有力 彼其之子 邦之司直

'고구표식'에서 '표식'(豹飾)은 '소매에 표범 가죽으로 선을 두른 것'입니다. 이 당시의 예법에 의하면 군주는 관(冠)과 옷에 한 가지 색을 썼다고 합니다. 군주보다 낮은 지위의 신하는 갖옷의 소매에 표범 가죽을 둘러 군주와 구별했지요. 신분사회는 언어, 앉거나 서 있는 자리, 옷, 모자, 수레 등등 일상의 모든 것에 차별이 있지요. 보는 순간 신분을 알 수 있게 사회적 표지가 있는 겁니다. 그에 맞추어 처신해야 하구요. '공무유력'에서 '공'(孔)은 '참으로', '매우'[甚]라는 뜻입니다. '공'은 부사로 쓰일 때 '대'(大), 혹은 '깊을 심'(深)으로도 쓰입니다. 지금 이 사람이 참으로 용감하고 힘이 넘치는군요.

　'피기지자'는 앞과 같고요. '방지사직'에서 '사'(司)는 '말을 사'입니다. '주관하다'[主]의 뜻이지요. '사직'을 벼슬 이름으로 보셔도 됩니다. 법관을 '사직'이라고 했으니까요. 여기서는 '충직한 사람'이라고 풀겠습니다. 지금 찬미의 대상인 대부는 한 나라의 명분, 가치관을 지키는 중심인물이군요. 사회에 이런 중심을 잡아 주는 사람이 없으면, 풍랑에 요동치는 배처럼 위태위태하지요.

③ 羔裘晏兮 三英粲兮 彼其之子 邦之彦兮

'고구안혜'에서 '늦을 안'(晏)은 여기서는 '옷 색깔이 선명하고 옷차림이 성대한 것'입니다. 옷을 칭찬하여 그 옷을 입은 사람의 인격을 찬미한 것이지요. '삼영찬혜'를 볼까요? 주자는 '갖옷의 꾸밈'[裘飾]이라고 하면서 '그 제도는 알 수 없다'[未詳其制]고 했습니다. '영'은 〈청인〉에서 '붉은 깃털로 만든 창의 장식품'으로 나왔는데요. 여기서 '삼영'을 '고구'의 세 군데를 장식한 것으로 보기도 합니다. '빛날 찬'(粲)은 장식이 빛이 나는 것이지요. 이미 '고구'가 윤택한데, 옷소매를 표범 가죽으로 덧대고 '삼영'까지 했으니 차림새가 대단합니다. 그만큼 대단한 인물이란 것이지요.

　　주자가 택하지 않은 『모시』의 주석을 소개하고 가겠습니다. '삼영'을 '삼덕'(三德)으로 보았는데요. '강극'(剛克), '유극'(柔克), '정직'(正直)을 말합니다. 『시경』 강의에서 『서경』까지 가져오면, 수업 분위기가 너무 무거워질까 걱정이지만, 어쩌다가 말씀드리다 보니 『서경』의 「홍범」(洪範)이 튀어나왔네요. '홍범구주'(洪範九疇) 중 여섯번째가 '나라를 다스릴 때는 세 가지 덕을 쓰라'[乂用三德]인데요, 바로 '정직', '강극', '유극'을 말합니다. '정직'은 기본 원칙이지요. '강극'과 '유극'

은 강한 사람은 강하게 대하고 온화한 사람은 부드럽게 대하라는 겁니다. 참고해 주십시오.

'피기지자 방지언혜'에서 '언'(彦)은 '선비 언'인데, '선비의 아름다운 호칭'[士之美稱]으로 인격이 훌륭한 사람입니다. 학벌이 높고 경력이 대단하다고 해서 다 존경할 만한 사람은 아니잖아요. 공자님도 군자와 소인배의 구분법과 이런저런 경계의 말씀을 남기셨지요. '돈을 밝히면 소인배이다', '권력자 앞에서 구차하게 무릎을 꿇으면 소인배이다' 등등. 하지만 돈과 권력을 향해 불나방처럼 몰려가는 지식인의 행태를 막지는 못했지요. 주자의 해석을 따르면 '고구'를 입은 아름다운 선비가 생과 사의 갈림길에 서 있습니다. 암울한 세상이지요. 하지만 그는 뜻을 꺾지 않았고, 시인은 그를 찬미하지요.

물론 이 작품을 멋진 남성을 바라보는 여인의 노래로 읽겠다고 마음먹는 순간, 작품 분위기는 발광체가 솟아오른 듯 밝아지지요. 화창한 봄날, 따사한 햇빛을 받으며 남산 산책로를 걷는 듯 편안하고 행복해지실 겁니다.

7. 준대로遵大路

遵大路兮 摻執子之袪兮
준 대 로 혜 삼 집 자 지 거 혜

큰길을 따라가며
그대의 소매를 부여잡습니다.

無我惡兮 不寁故也
무 아 오 혜 불 삼 고 야

저를 미워하지 마세요. / 오래된 사
람을 갑자기 버리시면 안 됩니다.

遵大路兮 摻執子之手兮
준 대 로 혜 삼 집 자 지 수 혜

큰길을 따라가며
그대의 손을 부여잡습니다.

無我魗兮 不寁好也
무 아 추 혜 불 삼 호 야

저를 미워하지 마세요. / 좋아하는
마음을 갑자기 버리시면 안 됩니다.

<준대로>는 2장 4구의 짧은 작품입니다. 읽는
순간, 작중의 상황이 눈에 선하지요. 이별의 순간, 옷소매
를 잡으면서 누구나 이렇게 말하지요. "어떻게 사랑이 변하
냐", "우리가 이렇게 쉽게 헤어질 사이였냐"고. 물론 공허한
외침이지요. 가겠다는 사람을 무슨 수로 막겠어요.

주자도 이 시를 '기부'(棄婦), 즉 '버림받은 여인'의 노래라
고 봅니다. 하지만 이 여인을 '음부'(淫婦), '음탕한 여인'이라

고 하는군요. 지금 몹시 마음이 언짢습니다. 아마 여인이 소매와 손을 잡고 하소연하기 때문에 비정상적 남녀관계라고 보는 모양입니다. 버림받을 만하다고…. 하지만 조강지처도 비참하게 버림받지요. 「패풍」〈곡풍〉의 여인처럼(『시경 강의』2, 101쪽). 그리고 자유연애를 하면 모두 '음부'인가요? '음부'(淫婦)가 있으면 '음부'(淫夫)도 있지요. 아무래도 「정풍」의 모든 작품을 음란한 노래로 보는 선입견이 강한 것 같습니다.

① 遵大路兮 摻執子之袪兮 無我惡兮 不寁故也

'준대로혜'는 '큰길[大路]을 따라가면서[遵]'이니, 대로에서 이별을 하는군요. '준'(遵)은 '좇을 준'으로 '준법'(遵法) 같은 말에 쓰는 글자입니다. 여기서는 길을 따라 쫓아가는 것[循]이지요. 얼마나 다급하고 애가 탔을까요. '삼집자지거혜'의 '삼'(摻) 자는 '움켜잡다'[攬]이고 '집'(執)은 '잡다'이니, '삼집'은 떠나가는 사람을 쫓아가 힘을 다해 잡은 것입니다. 보는 사람이 많은 대로지만 이럴 때는 주변의 시선도 개의치 않지요. '거'(袪)는 '소매'이니 우선 그 사람의 소맷부리를 잡고 애원하는 겁니다.

'무아오혜 불삼고야'에서 '무아오혜'는 '나를[我] 미워하지[惡] 마세요[無]'라는 뜻이죠. 왜냐하면 나는 당신의 오랜 연인이기 때문이죠. '고'(故)는 '고구'(故舊)로 오래된 친구, 연인을 말합니다. '잠'(肁)은 '빠를 잠'인데, 여기서는 음이 '삼'입니다. 급하게 오랜 관계를 끊으려 하는 연인에게 '오래된 사람을 빨리 버리시면 안 됩니다'라고 간절히 호소하지만, 이런 경우 대부분은 소용이 없지요. 안타깝기만 하군요.

② 遵大路兮 摻執子之手兮 無我魗兮 不寁好也

2장은 1장과 거의 같습니다. 1장의 '소매 거'가 '손 수'(手)가 되었군요. 손을 잡고 애원한다고 효과가 있을까요?

'무아추혜 불삼호야'에서 '추'(魗)를 볼까요. 이 글자는 '추할 추'(醜)와 같은 글자입니다. '나를 미워하지 말라'고 하네요. '추'에는 '미워하다'[惡]라는 뜻도 있지요. '불삼호야'에서 '호'(好)는 '좋았던 관계'[情好]를 말합니다. 한때 애정이 깊었는데, 이렇게 되고 말았군요.

〈준대로〉를 읽으면 마음이 씁쓸하고 허전해집니다. '회자정리'(會者定離)라고 모든 만남에는 이별이 있지만요. 하지만 모든 이별은 매정하고 상처를 남기지요. 또 생각해 보면 이별이란 다 이럴 수밖에 없지요. 갑작스럽고 속절없지요. 드라마의 한 장면 같은 〈준대로〉를 읽었습니다. 드라마에서는 이렇게 버림받은 이후 복수의 대서사가 펼쳐지는 것이 보통이지만, 시에서는 씁쓸한 여운만이 남는군요.

8. 여왈계명 女曰鷄鳴

女曰鷄鳴 士曰眛旦
여 왈 계 명 사 왈 매 단

아내가 말하네, "닭이 울었어요".
남편이 말하네, "아직 어두운걸".

子興視夜 明星有爛
자 흥 시 야 명 성 유 란

"그대는 일어나 밖을 보세요.
계명성이 빛날 거예요.

將翱將翔 弋鳧與鴈
장 고 장 상 익 부 여 안

이곳저곳에서 / 주살로 오리와
기러기를 잡아오세요."

弋言加之 與子宜之
익 언 가 지 여 자 의 지

"주살로 잡은 것으로
안주를 마련할게요.

宜言飮酒 與子偕老
의 언 음 주 여 자 해 로

좋은 안주에 술을 마시며
그대와 해로해요.

琴瑟在御 莫不靜好
금 슬 재 어 막 불 정 호

비파와 거문고로
변함없이 좋은 나날을 보내요."

知子之來之 雜佩以贈之
지 자 지 래 지 잡 패 이 증 지

"그대의 벗이 오면
잡패를 드릴게요.

知子之順之 雜佩以問之
지 자 지 순 지 잡 패 이 문 지

그대가 좋아하는 벗에게
잡패를 선물하겠어요.

知子之好之 雜佩以報之
지 자 지 호 지 잡 패 이 보 지

그대의 좋아하는 벗에게
잡패로 보답하겠어요."

3장 6구로 된 <여왈계명>을 볼까요? 1장의 첫 구절이 제목이 되었군요. 주자는 이 작품을 '시인이 어진 부부가 서로 경계하는 말을 기록한 것'이라고 합니다. 부부가 마음을 합쳐 서로 격려하며 살림을 꾸려가는 모습은 아름답지요. 1장은 부부의 새벽 잠자리 대화로 시작합니다. 아내는 닭이 울었다고 하고, 남편은 해 뜨기 전 컴컴한 새벽이라고 하지요. 2장, 3장은 아내의 말입니다. 아직 부부는 잠자리에 있습니다. 아내는 오리, 기러기로 맛있게 요리하고 남편과 술을 마시며 '해로'(偕老)하겠다고 하네요. 그리고 3장에서는 남편의 좋은 친구가 방문한다면 패물을 아끼지 않고 선물하겠다고 합니다.

① 女曰鷄鳴 士曰昧旦 子興視夜 明星有爛
　　將翺將翔 弋鳧與鴈

'여왈계명'에서 '계명'(鷄鳴)은 닭이 울었다는 말이죠. 아내가 "닭이 울었어요" 하고 남편을 깨우는 겁니다. '사왈매단'에서 '매단'(昧旦)은 '어두울 매', '아침 단'으로 '동이 트기 전 아직 어두워서 사물을 분별할 수 없는 때'이지요. 아내가 깨우는 말에 남편이 "닭만 운 것이 아니라 벌써 동틀 무렵이 되

없는걸" 하고 대답하는군요. 이렇게 보면 이 부부는 부지런한 사람들이죠. 남편은 더욱 착실해 보이네요. 하지만 다른 해석도 가능하지요. 남편의 대답을 "아직 움직이기에는 컴컴한데 좀 더 있다가…"로 풀면, 우리에게 더 익숙한 장면이 됩니다.

주자는 이후 네 구절을 모두 아내의 말로 봅니다. '자흥시야'는 '그대는[子] 일어나[興] 밤을[夜] 내다보세요[視]'라고 풀 수 있습니다. '명성유란'(明星有爛)은 '계명성[明星]이 빛날 거예요[有爛]'라고 풀면 되겠지요. 아직 해는 뜨지 않았지만 계명성이 빛날 테니, 사냥할 수 있다는 말입니다. '명성'은 '계명성'(啟明星)으로 새벽녘 동쪽 하늘에 뜨는 금성(金星)이지요. '란'(爛)은 '빛날 란'입니다.

'장고장상'에서 '장'(將)은 행동의 연속을 말해 주는 부사입니다. '또 차'(且), '실을 재'(載)에도 이런 용례가 있지요. '날고'(翱)와 '날 상'(翔)이 합쳐진 '고상'은 「회풍」의 〈고구〉, 「정풍」의 〈청인〉에서는 '어슬렁거리다', '소요하다'라는 뜻이었지요. 여기서는 오리, 기러기 같은 새를 잡기 위해 이곳저곳 부지런히 돌아다니는 것입니다. 다른 시에서와는 달리 목적이 있지요. '익부여안'에서 '부'(鳬)와 '안'(鴈)은 각각 '오리 부'와 '기러기 안'인데, 지금은 기러기 요리가 낯설지만, 우리나라에서도 육회, 탕 등 다양한 방식으로 즐긴 보양식이라고 합니다. '익'(弋)은 주살입니다. 주살은 화살의 오늬에 생사로 된 줄을 매고 그것을 활이나 말뚝에 묶어 두고 쏘는 것을 말합니다. 맞힌 사냥감이나 화살을 회수하기가 수월하겠죠. 아이들의 장남감 활에 이런 화살이 달려 있더군요.

② 弋言加之 與子宜之 宜言飮酒 與子偕老
　 琴瑟在御 莫不靜好

2장은 전체가 아내의 다정한 말입니다. '익언가지'의 '언'(言)은 허사로 해석하지 않습니다. '더할 가'(加)는 화살을 적중시키는 것[中]이지요. 남편이 주살로 오리나 기러기 같은 요리 재료를 잡아 온 것입니다. '여자의지'에서 '여자'(與子)는 '그대를 위하여'입니다. '마땅할 의'(宜)는 '이런저런 양념을 더하여 요리를 만드는 것'이지요. 주자는 『예기』「내칙」에 나오는 '기러기 요리에는 보리가 어울린다'라는 요리법을 소개했는데, 그런가요?

　'의언음주 여자해로'를 보겠습니다. 맛있게 요리된 안주가 있다면 술이 있어야겠지요. 이 여인은 좋은 술과 안주를 준비하여 남편과 즐기면서 '해로'를 하겠다고 합니다. 여기서 '여자'(與子)는 '그대와 함께'입니다. '해로'하면 '백년해로'(百年偕老)가 바로 나오지요. 예전에 칠순 잔치에서 했던 축하 인사이지요. 지금은 칠순연(七旬宴)은 물론이고 여든을 기념하는 잔치도 드물어졌지만요.

그다음 '금슬재어 막불정호', '금슬'(琴瑟)이 나왔네요. 「주남」〈관저〉에서는 '요조숙녀와 거문고·비파로 사귀도다[窈窕淑女 琴瑟友之]'라고 했지요(『시경 강의』1, 53쪽). 부부는 최고의 친구, '지기'(知己)이기도 합니다. 여기서는 거문고와 비파가 옆자리에 준비되어 있군요[在御]. '거느릴 어'(御)는 '시어'(侍御)로 악기들이 가까이 있다는 것이지요. 언제든지 금슬을 당겨 연주하면서 즐길 수 있겠군요. 혹시 피아노, 기타를 가까이 두고 연주하는 삶을 살고 계신가요?

'막불정호'에서 '막불'은 강조의 뜻이 담긴 이중부정이지요. '~하지 않음이 없다'라는 뜻입니다. '정호'는 '안정'(安靜)과 '화호'(和好)입니다. 부부 사이가 변함없이 좋은 것이지요.

③ 知子之來之 雜佩以贈之 知子之順之 雜佩以問之
　　知子之好之 雜佩以報之

1, 2장은 연결이 되는데, 3장은 우선 문장 구문이 다르네

요. 거의 같은 구절이 세 번 반복됩니다. 우선 주자의 해석을 따라가 보겠습니다. '지자지래지 잡패이증지', 여기에서 '지'(知)의 주어는 '나', 아내입니다. 2장과 같이 3장 전체를 아내의 말로 보는 거지요. '래지'(來之)는 '남편이 초대한 손님이 오는 것'입니다. 그래서 '지자지래지'는 '우리 집에 온 손님이 그대가 초대한 귀한 분이라는 것을 내가 알게 된다면'이 되는데, 너무 복잡하군요, '그대의 손님이 오신다면' 정도로 해석하는 것이 좋습니다.

'잡패이증지'에서 '잡패'는 여러 옥들을 연결해서 만든 허리에 차는 '패물'(佩物)인데요. 손님에게 그 귀한 것을 선물하겠다고 하네요. '선물 증'(贈)은 손님에게 보내는 것[送]입니다.

'지자지순지 잡패이문지', 앞의 구절과 구조가 같습니다. '순'(順)은 '애'(愛)로 풉니다. '그대가 친애하는 사람이라는 것을 알게 되면'이 되겠군요. '잡패이문지'에서 '물을 문'(問)은 여기서는 '줄 유'(遺)로 안부 인사를 겸하여 자신의 귀중한 옥패를 선물하는 겁니다.

'지자지호지 잡패이보지' 역시 비슷한 뜻입니다. '오신 손님이 그대가 좋아하는[好] 사람임을 알게 되면, 잡패로 보답하겠다'입니다. 이렇게 <여왈계명>의 3장은 비슷한 구절이 세 번 반복됩니다. 남편이 초대한 손님에게 즐거운 마음으로 나의 귀한 잡패를 선물하겠다고.

3장을 주자는 어떻게 풀었을까요?

부인이 또 남편에게 말하였다.

"내가 만일 그대가 초대해서 온 분과 친애하는 분인 것을 알면 이 잡패를 풀어서 그에게 보내 주고 보답하겠어요."

이는 아내가 규문 안의 직분을 잘할 뿐만 아니라 그 남편이 현자를 친애하고 선인을 사귀어 그들과 기쁜 마음으로 관계를 맺게 하려고, 자신의 복식(패물)도 아까워하는 마음이 없는 것이다.

婦又語其夫曰: "我苟知子之所致而來,
부 우 어 기 부 왈   아 구 지 자 지 소 치 이 래
及所親愛者, 則當解此雜佩, 以送遺報答之."
급 소 친 애 자   즉 당 해 차 잡 패   이 송 유 보 답 지
蓋不惟治其門內之職. 又欲其君子親賢友善,
개 불 유 치 기 문 내 지 직   우 욕 기 군 자 친 현 우 선
結其驩心, 而無所愛於服飾之玩也.
결 기 환 심   이 무 소 애 어 복 식 지 완 야

뭡니까? 아내의 직분은 요리 등의 살림 꾸리기, 남편과 술 한잔 나누면서 금슬 다지기 같은 내조에 한정되지 않는다는 거네요. 남편이 좋은 사람들, 명망가들을 사귈 수 있게 적극적으로 돕는 조력자가 되어야 한다고. 남편의 원만한

사회생활을 위해서는 귀한 노리개도 흔쾌히 내놓아야 한다고. 물론 예나 지금이나 아내들은 집안 안팎의 일들을 두루 챙기며 살고 있지요. 하지만 잡패까지 주는 것은 좀 그렇네요. 이 정도면 선물과 뇌물의 경계가 모호해집니다.

완전히 다른 해석을 소개해 보겠습니다. 우선, '자지래지', '자지순지', '자지호지'를 '당신이 나에게 오다', '당신이 나를 사랑하다', '당신이 나를 좋아하다'로 보는 겁니다. 그러면 남편이 나를 변함없이 사랑한다면 아내인 나는 귀한 '잡패'를 선물하겠다는 뜻이 됩니다. 남편의 손님은 사라지고 아내가 남편에게 '잡패'를 선물하는 것이 되니 훨씬 자연스럽지요.

『모시』에서는 이 작품 역시 '덕이 있는 사람을 좋아하지 않는 것'을 풍자한 시로 보았습니다. 정 장공 시대에 조정의 신하들이 덕이 있는 군자를 좋아하지 않고 여색을 좋아하는 것을 풍자한 것이라고. 그래서 3장을 다른 나라에서 온 빈객과 연회를 할 때의 인사말로 봅니다. "그대가 오실 줄을 알았다면 미리 잡패를 준비해서 전송했을 텐데…"라고 하면서요. 상대방에게 호의, 후의를 표하는 인사이지요. 정말 잡패가 있고 없고는 중요한 것이 아닙니다.

마지막으로 불편한 이야기를 하겠습니다. 인류학자들

은 3장을 고대의 선물 풍습과 연관지어 해석하기도 합니다. 고대에는 귀한 손님이 올 경우 딸이나 아내를 '선물'하는 '이부시숙'(以婦侍宿)의 관습이 있었지요. 남편의 손님에게 '잡패'를 선물한다는 것을 그런 뜻으로 보는 겁니다. 인류학 책에서 〈여왈계명〉을 인용할 경우, 대부분 이런 용례로 본답니다. 근래까지 어떤 지역에는 이런 유습이 남아 있었다고도 하고요.

9. 유녀동거 有女同車

有女同車 顔如舜華
유 녀 동 거 안 여 순 화

그녀와 수레를 함께 타니
얼굴이 무궁화꽃 같도다.

將翱將翔 佩玉瓊琚
장 고 장 상 패 옥 경 거

이쪽저쪽 다니니
패옥이 아름다워라.

彼美孟姜 洵美且都
피 미 맹 강 순 미 차 도

아름다운 맹강이여!
참으로 아름답고 세련됐구나.

有女同行 顔如舜英
유 녀 동 행 안 여 순 영

그녀와 함께 걸으니
얼굴이 무궁화꽃 같구나.

將翱將翔 佩玉將將
장 고 장 상 패 옥 장 장

이쪽저쪽 다니니
패옥소리가 쟁그렁 쟁그렁.

彼美孟姜 德音不忘
피 미 맹 강 덕 음 불 망

아름다운 맹강이여!
목소리를 잊지 못하리.

　　　　〈유녀동거〉를 주자는 '음분시'(淫奔詩)라고 합니다. '음분'(淫奔)은 남녀가 도리에 어긋나게 자유롭게 만난다는 건데, 지금의 연애이지요. 자유연애 금지! 12세기에는 그랬지요. 절차가 중요했으니까요. 하지만 남녀의 사랑은 그런 것을 무시하고 넘나듭니다. 열정의 힘으로.

① 有女同車 顔如舜華 將翺將翔 佩玉瓊琚
　　彼美孟姜 洵美且都

'유녀동거', 매혹적인 여성과 같은 수레를 탔군요. 설레지요. '안여순화'는 그녀의 얼굴[顔]이 무궁화꽃[舜華]처럼 화사하다는 뜻이고요. 우리에게 요순(堯舜) 임금으로 익숙한 '순'(舜) 자는 '무궁화'를 뜻하기도 합니다. 그다음 '장고장상'이 또 나왔네요. <여왈계명>에서는 사냥감을 쫓아 이곳저곳 다니는 것이었지요. 여기서는 애인과 수레를 타고 이곳저곳 드라이브 하는 것입니다. '패옥경거'에서 '붉은 옥 경'(瓊)과 '패옥 거'(琚) 모두 옥의 종류로, 수레를 함께 탄 여인이 차고 있는 '패옥'이 '경'과 '거'라는 것이지요. '차고 있는 옥이 화려하고 다양하다' 정도로 푸시면 됩니다. 예전에는 여자 이름에 '경' 자를 많이 썼는데, 정작 본인들은 획순이 복잡해서 누가 써 보라고 하면 어려워하죠. 지금이야 학교에서 '한자로 이름 써 봐라'라고 하는 선생님이 계시지 않지만요. 저는 가끔 그럽니다. 그래야 이름을 기억할 수 있거든요.^^

　'피미맹강 순미차도', 오랜만에 강씨 여인이 나왔군요.

'피미맹강'은 '아름다운 맹강이여'라고 풀면 되겠지요? '순미차도'의 '도읍 도'(都)에는 '아름답다', '세련되었다'는 뜻이 있습니다. 그럼 이 구절은 '맹강이 아름답고[美] 세련되었다[都]'는 뜻이 됩니다. 주자는 '한아'(閑雅)하다고 주석했군요. '음분시'라 했으면서 맹강을 '차분하고 고상하다'고 했네요. 흠.

② 有女同行 顔如舜英 將翱將翔 佩玉將將
　　彼美孟姜 德音不忘

'유녀동행 안여순영'은 1장과 거의 같군요. '행'은 '행도'(行道)로 여인과 함께 길을 걷는 겁니다. '동행'(同行)은 지금도 자주 쓰는 단어이지요. '안여순영', 그녀의 얼굴이 무궁화꽃 같군요. '화'(華)와 '영'(英)은 같은 뜻입니다. '장고장상'은 앞과 같고, '패옥장장'에서 '장장'은 '장차 장'(將)을 겹쳐 써서 의성어가 되었군요. 여인이 찬 패옥이 쟁그랑 쟁그랑 울리는 겁니다. 걸을 때마다 경쾌하게.

'피미맹강 덕음불망', 주자는 '덕음불망'(德音不忘)을 '여인의 어짊을 말한 것'이라 하네요. '음분시'라 하고서 '여인이 얌전하고 어질다'고 하다니…. 물론 동행 중인 연인의 눈에는 그렇게 보이겠지요. 여기서 '덕음'은 사랑하는 여인의 목소리로 보는 것이 좋습니다. 『시경』에서 '덕음'은 10번 나옵니다. 나올 때마다 맥락을 살펴 풀어야 하지요. 예를 들어 「패풍」〈일월〉에 나오는 '덕음무량'(德音無良)은 '남편의 말을 믿을 수 없다'입니다. 「패풍」〈곡풍〉의 '덕음막위'(德音莫違)는 '언행에 어긋남이 없는 것'이지요.(『시경 강의』 2, 44쪽, 101쪽) 그리고 여기서는 사랑에 빠진 남성의 귀를 울리는 여인의 목소리입니다. 시에서는 같은 단어, 구절도 매번 그 의미가 다르지요.

2장 6구의 〈유녀동거〉를 읽었습니다. 짧은 소품이지만 아름다운 내용입니다. 우리 모두를 젊은 날의 한때, 찬란히 빛나던 연애 시절로 이끄는….

약간의 사족을 붙이자면, 어떤 분이 "이 시에서 무궁화 꽃은 혹시 아내를 비유한 게 아닌가요?"라고 물으셨습니다. 지금 우리에게 무궁화꽃은 '국화'(國花)로 '기품 있는 아름다움'의 이미지가 있지요. 그래서 오해를 하실 수도 있는데, 절대 아내가 아닙니다. 꽃으로 비유되는 여인은 대체로 애인이거나 숨겨둔 여인이거든요.

아내는 '꽃'이 아닙니다. '꽃'이었던 여인도 결혼 이후에는 '현모양처'(賢母良妻)로 변신하지요. '아이를 잘 키운다',

'살림을 잘한다', '남편을 출세시켰다' 등등. 이건 지금도 마찬가지더군요. 아내에게 감사한다는 남편의 말을 들어 보면 대개 어른들에게 잘하고, 애 잘 키우고…, 이런 내용이죠. 결혼 후에 아내의 미모를 칭찬하는 분들도 계시겠지만, 저는 아직 만나 보지 못했습니다. 만일 그런다면 어색할 것 같은데요. 지금은 무궁화나무를 한자로 쓸 때 보통 '순'(舜) 자가 아니라 '근'(槿) 자를 쓰고 있습니다.

10. 산유부소 山有扶蘇

山有扶蘇 隰有荷華
산 유 부 소 습 유 하 화

산에는 작은 소나무,
습지에는 연꽃이 있네.

不見子都 乃見狂且
불 견 자 도 내 견 광 저

자도는 못 만나고
미치광이를 만나다니.

山有橋松 隰有游龍
산 유 교 송 습 유 유 룡

산에는 큰 소나무,
습지에는 여뀌가 있네.

不見子充 乃見狡童
불 견 자 충 내 견 교 동

자충을 못 만나고
교활한 아이를 만나다니.

지금부터 본격적으로 주자가 '음분시'로 보는 작품들이 이어집니다. 저는 '연애시'라고 생각하지만요. 주자는 이 작품을 '사랑에 빠진 여인이 연인을 희롱하는 것'이라고 하네요. 이렇게 보면 '자도', '자충' 같은 멋진 남성을 만나려 했는데, 어쩌다 보니 너 같은 '광인', '교동'을 만나고 말았다네…, 하면서 장난치는 것이 되지요. 내가 원했던 사람은 아니지만 그래도 너를 사랑한다는 뜻입니다.

① 山有扶蘇 隰有荷華 不見子都 乃見狂且

'산유부소 습유하화', 산에는 부소라는 작은 소나무가 있고, 습지에는 연꽃이 있군요. '부소'는 '도울 부'(扶), '소생할 소'(蘇)이지만 여기서는 나무 이름입니다. '하'(荷)는 '연 하'로 '하화'는 연꽃을 말합니다. 습지에서 피지요. '습'(隰)은 '진벌 습'입니다.

'불견자도'에서 '자도'는 여인이 만나고 싶었던 남성입니다. 잘 생긴 남자를 말합니다. 한 시대를 대표하는 미남이겠지요. 미녀도 그렇지만 미남도 트렌드가 있잖아요? 60년대 배우 중에는 최무룡, 신영균 씨가 최고 미남이었다고 하지요. 신성일 씨는 영원한 청춘 스타로 인기가 폭발적이었고요. 지금 우리 시대에는? 아마 이런저런 이름이 떠오르실 텐데 연령대에 따라, 취향에 따라 각자 다를 겁니다. '도읍 도'(都)는 사람에게 쓰면 아름답고 세련됐다는 뜻이지요. '광'은 '광인'이니 '미치광이'이군요. '어쩌다 이런 미치광이를 만났나' 하고 농담하는 것이지요. '또 차'(且)는 여기서는 어조사로, 해석하지 않고 음도 '저'입니다.

② 山有橋松 隰有游龍 不見子充 乃見狡童

'산유교송'에서 '교송'(橋松)은 키 큰 소나무입니다. '교'(橋)는 '다리 교'지만 여기서는 '높을 교'(喬)의 뜻이지요. 높은 나무를 뜻하는 '교목'(喬木)이라는 단어가 있지요. '습유유룡', 습지에는 '유룡'이 있다는군요. '헤엄 칠 유'(游)는 여기서는 '가지와 잎이 마구 자란 모습'이지요. '용 룡'(龍)은 풀 이름으로 쓰였습니다. '홍초'(紅草) 혹은 '마료'(馬蓼)라고 하는데, 우리는 '여뀌'라고 하지요. 습지에는 여뀌가 흩날리며 자라고 있군요. '불견자충 내견교동', 자충(子充)을 만나지 못하고 교동(狡童)과 사랑에 빠졌군요. '자충'도 '자도'와 같이 멋진 남성이지요. 주석에는 '교동'을 '교활하고 간교한 어린아이'라고 했지만, 그렇게 보시면 시의 맛이 살지 않지요. '교동'은 연인을 부르는 애칭이지요. 한때 연인들이 서로 '자기'라고 불렀듯이.

물론 이 작품은 기대했던 것과는 다른 광인, 교동 같은 나쁜 남자를 만난 것을 한탄하는 노래로 볼 수도, 결혼을 후회하는 여인의 탄식으로 볼 수도 있습니다. 어쩌다가 저런 남자를 만나서 이 꼴로 살고 있나, 하는. 그러면 더욱더 '음녀'(淫女)의 노래가 아니지요.

11. 탁혜 籜兮

籜兮籜兮 風其吹女
탁 혜 탁 혜 풍 기 취 여

    떨어질 듯한 나뭇잎,
    바람이 너에게 부는구나.

叔兮伯兮 倡予和女
숙 혜 백 혜 창 여 화 여

    뭇 남성들이여! / 나를 불러 주세요,
    그대에게 답하겠어요.

籜兮籜兮 風其漂女
탁 혜 탁 혜 풍 기 표 여

    떨어질 듯한 나뭇잎.
    바람이 너를 흔드는구나.

叔兮伯兮 倡予要女
숙 혜 백 혜 창 여 요 여

    뭇 남성들이여! / 나를 불러 주세요,
    그대에게 답하겠어요.

① 籜兮籜兮 風其吹女 叔兮伯兮 倡予和女

'탁혜'를 읽어 볼까요? '탁(籜)'은 '낙엽 탁'입니다. '나무가 말라 잎이 장차 떨어지려 하는 것'이지요. 여기서도 작중 화자는 여성입니다. 사랑을 간절히 원하는 여인[淫女]이지요. '풍기취여', 그녀는 낙엽을 '너'[女]라고 부르며 말합니다. '바람이[風] 너에게[女] 불어와[吹] 이렇게 잎이 지고 있구나[籜兮]'

라고. '여'(女)는 '너 여'(汝)로 지고 있는 잎이지요. '불 취'(吹)는 바람이 불어오는 것이고요. 우리는 낙엽을 보면 '가을이구나, 한 해가 다 가는구나' 하면서 쓸쓸해합니다. 하지만 이 여인은 다르군요. '아! 이 가을에는 반드시 연애를 해야겠구나, 상대를 찾아보자'라고 작심합니다. 연애 감정이 솟구칩니다.

'숙혜백혜'는 '아저씨 숙'(叔), '맏 백'(伯)이지만 '아저씨'나 '형제'를 말하는 것이 아니라 이 여인이 알고 있는 주변의 뭇 남성들을 말합니다. '창여화여'는 '창여'(倡予)와 '화여'(和女)로 끊어서 풀어 주십시오. '창여'는 나를 부르는 것이지요. '부를 창'(倡)에는 '먼저 부르다'란 뜻이 있답니다. 그래서 이때 '나를 불러 주세요'는 먼저 데이트 신청을 해 달라는 겁니다. '화여'의 '여'(女)는 '그대'라는 뜻으로 '숙과 백', 주변의 남성이지요. 데이트 신청을 한다면 '나는 그대에게 화답하겠노라[和], 기쁜 마음으로 승낙하겠노라'라고 하고 있네요. 이 여인은 자신에게 사랑의 바람이 불어와 주기를 간절히 기다리고 있습니다.

② 蘀兮蘀兮 風其漂女 叔兮伯兮 倡予要女

'탁혜탁혜 풍기표여'에서 '표'(漂)는 '회오리바람 표'(飄)로 바람이 세차게 부는 것입니다. 그나마 남았던 잎들도 모두 지겠군요. '숙혜백혜 창여요여'에서도 '창여'와 '요여'로 끊어서 풀어 주십시오. '그대가 먼저 나를 부르면[倡予], 나는 그대의 요구를 따르겠다[要女]'고 하네요. '구할 요'(要)는 그대의 뜻을 이루어 주는 것[成]으로 여인의 소망이 이루어지는 것이기도 하지요.

　　〈탁혜〉는 「소남」의 〈표유매〉와 통합니다(『시경 강의』1, 222쪽). 〈표유매〉는 봄날 뚝뚝 떨어지는 매실을 보면서 '얼마 안 남았으니, 나에게 지금 당장 와 달라'고 호소하는 솔직한 여인의 노래이지요. 물론 주자의 해석에는 차이점도 있답니다. 「소남」에 있는 〈표유매〉의 여인은 문왕(文王)의 교화로 여인이 '정신자수'(貞信自守), 바르고 미더운 마음으로 스스로를 지키고 있다고 했지만 〈탁혜〉의 여인은 '음녀'라고 했으니까요. 아무래도 음란하다는 정나라 노래인지라…. 지금 우리는 두 작품 모두 연애하고 싶은 여인의 솔직한 감정이 담긴 노래로 보면 됩니다. 〈탁혜〉에서 자유롭게 어디든지 갈 수 있는 낙엽을 부러워하는 여인의 시선, 그 안타까움을 생각하면 저도 모르게 웃음이 나옵니다. '누군가 부르면 나도 저렇게 달려갈 텐데' 하는 마음이 느껴져서요. 자신의 감정에 솔직한 여인의 당돌하고 멋진 노래로 보시면 됩니다.

12. 교동狡童

彼狡童兮 不與我言兮
피 교 동 혜 불 여 아 언 혜

維子之故 使我不能餐兮
유 자 지 고 사 아 불 능 찬 혜

彼狡童兮 不與我食兮
피 교 동 혜 불 여 아 식 혜

維子之故 使我不能息兮
유 자 지 고 사 아 불 능 식 혜

저 깜찍한 아이,
나와는 말도 안 하네.

너 때문에
내가 밥을 못 먹을 리야.

저 깜찍한 아이,
나와는 밥도 안 먹네.

너 때문에
내가 편치 못할 리야.

여러분의 '19금' 상상력을 총출동시켜야 할 시가 나왔습니다. 〈교동〉은 인용 빈도가 높습니다. '교동'은 직역하면 '교활한 아이'가 됩니다. 하지만 여기서 '교동'은 연인에 대한 닉네임이자 애칭이지요. '아이'[童]를 썼다고 꼭 '연하남'이라고 생각하실 필요는 없고, 그냥 애인은 모두 '교동'이지요. 물론 남편은 아닙니다. '교동'을 '교활한 아이', '깜찍한 아이', '앙큼한 아이' 등등, 어떻게 번역할까 고민되네요.

주자는 이 시를 어떻게 볼까요?

이 또한 음란한 여자가 애인에게 절교를 당하고 그 사람을
희롱하여 한 말이다. 나를 좋아하는 사람이 많으니 그대가
비록 절교를 하여도 내가 밥을 못 먹게 하는 데까지는 이르
게 할 수 없다고 말한 것이다.

此亦淫女見絶而戱其人之詞. 言悅己者衆, 子雖見絶,
차 역 음 녀 견 절 이 희 기 인 지 사　　언 열 기 자 중　　자 수 견 절
未至於使我不能餐也.
미 지 어 사 아 불 능 찬 야

① 彼狡童兮 不與我言兮 維子之故 使我不能餐兮

'피교동혜 불여아언혜'는 저 '교동'이 나와[與我] 말도 하지
않는다[不言]는 말입니다. 사랑하는 연인에게 절교를 당했
군요. 충격이 크지만 이 여인은 의연합니다. 의연한 척하는
것이겠지요. 〈준대로〉의 여인처럼 소매를 부여잡고 호소하
지 않는군요.

'유자지고 사아불능찬혜'는 해석의 묘를 살려야 합니다.
'벼리 유'(維)는 해석하지 않습니다. '자지고'(子之故)는 '너 때
문'이지요. '먹을 찬'(餐)은 '만찬'(晩餐), '성찬'(聖餐) 등등으로

일상에서 쓰고 있는 한자어지요. 여기서는 동사로 '밥 먹다'가 됩니다. 이 여인은 교동의 절교 선언으로 밥이 넘어가지 않을 정도로 상심했습니다. 하지만 '너 때문에 내가 밥을 먹지 못하랴' 하며 아픔을 감추고 의연한 척합니다. 그럴 만한 이유도 있군요. 주자에 의하면 나를 좋아하는 다른 남자가 많기 때문이지요. 물론 주자의 시적 상상력에서 나온 해석이지요. 근거는 없습니다.

주자의 해석이 불편하시다면 '음녀'가 아니라 '기부'(棄婦), 버림받은 여인의 노래로 보셔도 좋습니다. 그러면 '당신 때문에 밥도 먹을 수 없어요'라는 하소연이 됩니다. 너무 상심하면 밥이 넘어가지 않지요. 사실 이 해석이 더 그럴듯합니다. 절교를 당했으니까요.

② 彼狡童兮 不與我食兮 維子之故 使我不能息兮

'피교동혜 불여아식혜'는 야속한 '교동'이 나와[與我] 밥을 같이 먹지 않는다는 겁니다. 지금도 데이트는 같이 밥을 먹는 것이지요. 연인들의 데이트 코스는 맛집 기행이더군요. 일반적으로 남녀를 소재로 한 시에서 '식욕'(食欲)과 '색욕'(色欲)은 통하기도 한답니다.

그다음 '유자지고'는 앞과 같네요. '사아불능식혜'에서 '쉴 식'(息)은 편안히 쉬는 것[安]입니다. 절교를 당했으니 그 마음이 오죽하겠어요? 편안할 수가 없지요. 하지만 주자의 해석은 '너 때문에 내가 편안히 쉬지 못하랴, 예전처럼 편안하기만 하다'입니다. 속마음은 그렇지 않지만요. 센 척하는 거지요.

'식'을 '숨 쉬다'로 봐서 '너 때문에 숨을 쉴 수도 없다'로 푸셔도 좋습니다. 버림받은 여인의 하소연이지요. 이렇게 보면 지금 〈교동〉의 여인은 지옥과 같은 이별의 고통 속에 있습니다.

13. 건상襃裳

子惠思我 襃裳涉溱
자 혜 사 아 건 상 섭 진

그대가 나를 사랑한다면 / 치마를 걷어 올리고 진수를 건너겠어요.

子不我思 豈無他人
자 불 아 사 기 무 타 인

그대가 나를 사랑하지 않는다면, 어찌 다른 사람이 없겠어요.

狂童之狂也且
광 동 지 광 야 저

깜찍한 당신, 미쳤나 봐요.

子惠思我 襃裳涉洧
자 혜 사 아 건 상 섭 유

그대가 나를 사랑한다면 / 치마를 걷어 올리고 유수를 건너겠어요.

子不我思 豈無他士
자 불 아 사 기 무 타 사

그대가 나를 사랑하지 않는다면, 어찌 다른 사람이 없겠어요.

狂童之狂也且
광 동 지 광 야 저

깜찍한 당신, 미쳤나 봐요.

　　　　시 제목이 좀 그렇네요. <건상>은 '치마를 걷어 올리다'는 뜻입니다. '걷을 건'(襃), '치마 상'(裳)인데, 단단히 채비를 하고 강을 건너가는 것이지요.

　　　　이 시에서도 작중 화자는 여성입니다. 활달하고 적극적

인 여인의 목소리가 들리는 듯한데요. 우리의 주자 선생님
은 어떻게 보셨을까요?

음녀(자유분방한 여인)가 연애 중인 남자에게 말하였다.
"그대가 진실로 나를 그리워한다면 나는 치마를 걷고 진수
를 건너가 그대를 따르겠어요. 하지만 그대가 나를 사랑하
지 않는다면 어찌 따를 만한 다른 사람이 없어서 그대만을
고집하겠어요?"
淫女語其所私者曰:
음 녀 어 기 소 사 자 왈
"子惠然而思我, 則將褰裳而涉溱以從子, 子不我思,
자 혜 연 이 사 아　즉 장 건 상 이 섭 진 이 종 자　자 불 아 사
則豈無他人之可從而必於子哉!"
즉 기 무 타 인 지 가 종 이 필 어 자 재

예상대로 '음녀'라고 하는군요. 우리에게는 매력이 넘치
는 여성입니다.

① 子惠思我 褰裳涉溱 子不我思 豈無他人
　　狂童之狂也且

'자혜사아'에서 '은혜 혜'(惠), '생각 사'(思)는 모두 '사랑하
다'[愛]입니다. 지금 이 여인에게 가장 중요한 것은 둘만의

사랑이지요. 이런 자유분방한 여인을 주자는 '음녀', 법도를 벗어난 여인이라고 했지만요. 여기서도 '음탕한 여인'의 노래로 풀지 않겠습니다. 유가에서는 일정한 도리(道理), 사회 규범에서 벗어난 것은 모두 '음'(淫)이라고 합니다. 자유연애, 술, 도박, 파티 중독 등등이 '음'에 해당됩니다. 지금 이 중 한 가지 이상의 취향을 가지고 계시거나, 이전에 그러셨던 분들도 계실 겁니다. 사실 헬스, 골프에 푹 빠져서 일상생활에 문제가 생긴다면 그것도 '음'입니다. 예전에는 군주가 사냥 같은 스포츠에 빠진 것을 '황음'(荒淫)이라고 했답니다.

그대가 나를 사랑한다면 치마를 걷고 진수를 걸어서 건너가겠다니, 그 열정이 부러울 지경입니다. 연애에 진심이군요. '건널 섭'(涉)은 걸어서 강을 건너가는 겁니다. '진'(溱)은 정나라를 흐르는 강 이름이고요. 그런데 다음 구절 '자불아사 기무타인'은 예상을 벗어나는군요. '자불아사'는 '만약 그대가 나를 사랑하지 않는다면'의 뜻입니다. '기무타인', '나에게 다른 사람이 없겠냐'는 말이고요. 이 여인도 〈준대로〉의 소매를 붙잡는 여인과는 다릅니다.

그다음 '광동지광야저'는 맛깔나게 풀기가 어렵습니다. 주자는 '애인을 놀리는 말'이라고 봅니다. '교동', '광동'은 애인에 대한 애칭이지요. 지금 이 여인은 애인에게 '네가 미쳤구나'라고 합니다, 무슨 뜻일까요? 나 같은 여자를 사랑하지 않다니, 나에게 집중하지 않다니, 지금 이 상황이 어이없다는 것이지요. 나를 사랑하지 않고 딴생각을 하다니 제정신이 아닌 것 같다. 나도 다른 사람 있다, 정신 차려라, 내 사랑을 너무 믿지 마라, 그러다가 나를 놓칠 것이다…. 이 모든 격한 감정이 '광'(狂) 자 한 글자에 담겨 있습니다.

② 子惠思我 褰裳涉洧 子不我思 豈無他士
　狂童之狂也且

이 시는 A-A' 형으로 1장과 2장이 거의 같군요. '자혜사아 건상섭유', 이번에는 유수(洧水)를 건너겠다네요. '유'(洧)도 정나라 도읍을 흐르는 강입니다. '진', '유', 모두 황하의 지류이지요. '자불아사 기무타사'에서 '타사'(他士)는 1장의 '타인'(他人)과 같은 표현입니다. 다만 주자는 '사'(士)를 '결혼하지 않은 남자의 호칭'이라고 말하여 지금 이 두 사람의 관계에 대해 여러 상상을 발동시키는군요. 사실 '사'는 결혼 여부와 관계없이 남성에 대한 통칭으로 쓰이는데요. 주자는 왜 굳이 이런 주석을 붙인 걸까요? 생각해 볼 문제입니다. '사'(士)는 그밖에도 병사(兵士), 사군자(士君子), 고사(高士), 국

사(國土), 사농공상(土農工商) 등등 용례가 많지요.

〈건상〉은 2장 5구로 된 소품인데, 마지막 구절 '광동지 광야저'가 후렴구처럼 보이기도 합니다. 『논어』, 『맹자』에서 는 '광자'(狂者)를 '견자'(狷者)와 비교해서 말하지요. '광자'는 의욕이 넘치지만 언행이 미처 따르지 못하는 젊은이이고, '견자'는 매사에 원칙을 지키는 소극적인 사람이라고. 그런 데 〈건상〉에서 '광동'은 애칭이고 '광'은 '정말 미쳤나 봐' 정 도의 뜻입니다.

14. 봉丰

子之丰兮 俟我乎巷兮
자 지 봉 혜 사 아 호 항 혜

풍채 좋은 그대가
문밖에서 나를 기다렸네.

悔予不送兮
회 여 부 송 혜

같이 가지 않은 것을
후회하노라.

子之昌兮 俟我乎堂兮
자 지 창 혜 사 아 호 당 혜

건장한 그대가
마을 어귀에서 나를 기다렸네.

悔予不將兮
회 여 부 장 혜

같이 가지 않은 것을
후회하노라.

衣錦褧衣 裳錦褧裳
의 금 경 의 상 금 경 상

비단 윗옷에 얇은 옷을,
비단 치마에 얇은 치마를 덧입었네.

叔兮伯兮 駕予與行
숙 혜 백 혜 가 여 여 행

그대들이여, 수레를 준비하세요.
그대를 따라갈래요.

裳錦褧裳 衣錦褧衣
상 금 경 상 의 금 경 의

비단 치마에 얇은 치마를,
비단 윗옷에 얇은 윗옷을 덧입었네.

叔兮伯兮 駕予與歸
숙 혜 백 혜 가 여 여 귀

그대들이여, 수레를 준비하세요,
그대에게 시집갈래요.

우선 한 글자 제목이 신선하군요. <봉>을 읽다 보면 저절로 웃음이 나옵니다. '예쁠 봉'(丰)인데 여기서는 남자가 풍채가 있고 멋있는 모습입니다. 한마디로 어디서나 눈에 확 띄는 멋진 남성이지요. 사랑에 빠지면 언제 어디서나 자신의 애인만 보이니까요.

<봉>은 총 네 개의 장으로 이뤄져 있습니다. 3구로 된 1, 2장과 4구로 된 3, 4장으로 되어 있는데, 여인의 후회(1, 2장)와 호소(3, 4장) 두 부분으로 나누어져 있군요. A-A′, B-B′이지요. 사실 『시경』의 '풍'(風)은 민간가요의 구비적 고유성 때문에 다른 노래들이 우연히 결합한 것 같은 작품들이 있답니다. 만화주제가 부르다가 이런 경우가 있는데요. '달려라 달려 로보트야, 날아라 날아 태권브이~'로 시작했다가 '기운 센 천하장사 무쇠로 만든 사람 인조인간 로보트 마징가Z ~'로 자연스럽게 넘어가는.^^

<봉>의 작중 상황을 볼까요? 지금 이 여인은 멋진 애인을 놓친 것을 후회합니다. 그리고 다른 사람이 나타난다면, 이번에는 놓치지 않고 따라나서겠다고 다짐합니다. 약간 어이가 없으신가요. 살다 보면 이런 경우도, 이런 사람을 만날 수도 있지요.

부인이 만나기로 약속한 남자가 이미 골목에서 기다리고 있는데, 딴마음을 가지고 있어 따라가지 않았다. 나중에 후회하고 이 시를 지은 것이다.

婦人所期之男子, 已俟乎巷, 而婦人以有異志, 不從.
부인소기지남자 이사호항 이부인이유이지 부종
既則悔之, 而作是詩也.
기즉회지 이작시시야

그렇군요. 주자는 작품 속 여인이 '다른 생각'[異志]이 있어서 약속을 어겼다고 봅니다. '다른 생각'은 지금 애인도 멋있지만 더 멋진 사람이 있을지도 모른다는 망설임이겠지요. 그때는 '이 사람이다'라는 확신이 없었던 겁니다. 비록 나중에 후회했지만.

① 子之丰兮 俟我乎巷兮 悔予不送兮

'자지봉혜 사아호항혜', 멋진[丰] 사람이 문밖[巷]에서 기다리고 있군요. '사'(俟)는 '기다리다'로, 이미 약속이 되어 있었던 겁니다. '거리 항'(巷)은 여기서는 문밖[門外]입니다. 몇 발자국만 나가면 만날 수 있는 거리이지요. 그런데 이 여인은 약속 장소에 나가지 않았습니다. 딴생각이 드는 바람에. '회여불송혜'의 '전송할 송'(送)은 여기서는 '따라가다'[從]입니다.

지금 이 여인은 후회막급입니다. 「위풍」의 〈맹〉에 나오는 여인은 실 사러 온 남자를 과감하게 따라나섰지요. 수레에 베틀을 싣고(『시경 강의』2, 332쪽 참고). 하긴 사랑에 빠졌다고 모든 여성이 그렇게 과감하지는 않지요.

② 子之昌兮 俟我乎堂兮 悔予不將兮

'자지창혜 사아호당혜', '봉'(丰)이 '창'(昌)으로 바뀌었군요. '창성할 창'으로 '건장하고 멋진 모습'을 뜻합니다. 이렇게 멋진 남성이 나를 '당'(堂, 마을 어귀)에서 기다리는군요. 약속 장소를 보면 두 사람은 이 마을을 떠날 예정이었습니다.

그다음 '회여불장혜', 여기서 '장'(將)은 앞장의 '송'(送)과 같은 뜻입니다. 같이 떠나는 것이지요. 지금은 그렇게 하지 못한 것을 너무도 후회하고 있네요.

③ 衣錦褧衣 裳錦褧裳 叔兮伯兮 駕予與行

그랬던 그녀가 3장부터는 마음이 바뀌어 다른 말을 합니다. 다시 누군가가 같이 떠나자고 하면 이번에는 망설이지 않고 따라나서겠다고. 3장과 4장이 거의 같습니다. 심지어 첫째

구와 둘째 구는 순서가 바뀌어 반복되는군요.

'의금경의 상금경상'에서 '경'(褧)은 낯선 글자이지요. '홑옷 경'인데, 안감을 대지 않은 얇은 옷으로 화려한 옷 위에 덧입는 것입니다. '의금'에서 '금'(錦)은 '비단 금'으로 '의금'은 비단 윗옷을 입은 것을 말합니다. '경의'는 그 위에 얇은 홑옷을 덧입은 것이지요. 여기서는 혼례복을 차려입은 것을 말합니다. '상금경상'도 마찬가지입니다. 비단 치마를 입고[裳錦] 홑치마를 덧입었군요[褧裳]. 우리가 '의상'(衣裳)이라 할 때, '의'는 윗옷이고 '상'은 치마이지요.

그다음 '숙혜백혜 가여여행'을 볼까요? 갑자기 이 여인이 '숙'과 '백'을 부르네요. 약간 뜬금없군요. 〈탁혜〉에서 나온 '숙혜백혜 창여화여'(叔兮伯兮 倡予和女)와 같은 내용입니다. 〈탁혜〉에서는 '뭇 남성들이여! 나를 불러 주세요. 그대에게 화답하겠어요'라고 풀었지요. 여기서 '숙혜백혜'도 '뭇 남성들'입니다. '가여여행'은 당신이 '가'(駕)하면 '여여행'(予與行)하겠다는 거지요. '말 맬 가'(駕)는 분리되어 있던 말과 수레를 연결하여 마차를 타고 오는 겁니다. '자동차의 시동을 거는 것'이지요. 지금 혼례복을 준비한 이 여인은 누군가 자신을 찾아오길 기다립니다. 그러면, '여여행'(予與行), 내가[予] 그대와 함께[與] 떠나겠노라고[行] 하네요. 왜 이럴까요?

주자는 이렇게 풉니다.

이 여인이 이전에 따라가지 않고 이 사람을 놓친 것을 후회
하였다. 그래서 말하였다.

"나의 옷차림이 이미 성대하게 갖추어졌으니 어찌 수레를
타고 와서 나를 맞이하여 함께 갈 사람이 없겠는가?"

婦人旣悔其始之不送而失此人也, 則曰: "我之服飾,
부 인 기 회 기 시 지 불 송 이 실 차 인 야   즉 왈   아 지 복 식
旣盛備矣, 豈無駕車以迎我而偕行者乎?"
기 성 비 의   기 무 가 거 이 영 아 이 해 행 자 호

주자의 해석이 어떠신가요? 멋진 남성을 놓치고 새로
운 사람이 다시 나타나기를 기다리는 여인의 호소에 공감하
시나요? 떠난 사람은 떠난 사람이고, 지금은 나를 데려갈 누
군가를 기다리고 있군요. 1, 2장의 미련을 깨끗이 씻어냈네
요.

④ 裳錦褧裳 衣錦褧衣 叔兮伯兮 駕予與歸

'상금경상 의금경의'는 3장과 순서만 바뀌었군요. 그다음 구
절 '숙혜백혜, 가여여귀'는 3장의 '행'(行)만 '돌아갈 귀'(歸)로
바뀌었죠. '귀'는 '시집 갈 가'(嫁)의 뜻입니다. 『시경』에서는

여인이 시집간다는 단어로 '귀'(歸) 자를 쓰지요.

이 시에 대한 「모시서」의 내용이 재미있어서 읽고 가겠습니다. 이 시를 혼인의 도가 무너져서 생긴 상황을 노래한 것으로 보네요.

<봉>은 문란함을 풍자한 시이다. 혼인의 도리가 무너져 양이 먼저 불러도 음이 화답하지 않고, 남자가 앞서가는데도 여자가 따르지 않는 것이다.

丰, 刺亂也. 婚姻之道缺, 陽倡而陰不和,
봉　자란야　혼인지도결　양창이음불화
男行而女不隨.
남 행 이 녀 불 수

양이 앞장서면 음은 따르는 것이 순리라는 『주역』의 음양론을 말하면서 약속을 어긴 여성의 잘못을 지적하는군요. 그래서일까요? 「모시서」에서는 1, 2장에서 후회하는 여성이 '그 남성'이 다시 와 주기를 기다리는 노래가 3, 4장이라고 봅니다. 지난 일을 후회하며 다른 남성을 기다린다는 주자의 해석과는 차이가 있지요.

15. 동문지선 東門之墠

東門之墠 茹藘在阪
동문지선 여려재판

其室則爾 其人甚遠
기실즉이 기인심원

동문 넓은 디,
꼭두서니는 산비탈에서 자라네.

그 집은 가깝지만,
그 사람은 너무 멀리 있구나.

東門之栗 有踐家室
동문지률 유천가실

豈不爾思 子不我卽
기불이사 자불아즉

동문 밤나무,
집들이 늘어서 있네.

어찌 그대가 그립지 않겠어요?
그대는 나를 찾아오지 않네요.

2장 4구로 된 〈동문지선〉을 읽겠습니다. 사랑하고 그리워하면서도 연인을 만나지 못하는 안타까운 마음이 가득한 시입니다.

① 東門之墠 茹藘在阪 其室則爾 其人甚遠

'동문지선'에서 '동문'은 성의 동문이지요. 거기에 넓은 마당이 있군요. '선'(墠)은 '제사 터 선'으로 여기서는 땅을 다져 평평하게 만든 마당을 말합니다. '여려재판'은 '꼭두서니가 산비탈에 있다'입니다. '판'(阪)은 '비탈 판'이고, '여려'에서 '먹을 여'(茹)는 '꼭두서니 려'(藘)와 같은 뜻입니다. 꼭두서니는 뿌리를 삶은 물로 붉은 염색을 하는 여러해살이 풀이지요. 검색해서 꼭두서니가 어떻게 생겼나, 염색하면 어떤 색깔이 나오나 확인해 주십시오. 열매가 작고 붉은 기가 도는데, 마치 블루베리처럼 보입니다. 동문의 마당이 나오고 산비탈에 있는 꼭두서니가 나오는데, 무슨 연관이 있나요? 주자는 여기서 놀라운 독해력을 보여 줍니다. 연인의 눈길을 따라가는데요. 동문 마당을 보고 산비탈, 그리고 그곳에서 자라고 있는 꼭두서니를 보는 것이지요. 그런데 그곳이 연인이 사는 곳이라고. 눈으로 연인의 집을 가늠해 보는 것이지요. 대단하지요. 어찌 이런 생각을!

그다음 '기실즉이 기인심원'은 '기실'(其室)과 '기인'(其人), '이'(爾)와 '원'(遠)이 대구를 이루고 있지요. 그 사람이 사는 집[其室]은 가깝군요[爾]. '너 이'(爾)가 '가까울 이'(邇)로 쓰였습니다. 동문 밖 연인의 집이 가깝게 보입니다. 하지만 그 사람은[其人] 너무[甚] 멀리 있군요[遠]. 그리워도 만날 수 없다는 말이지요. '매우 심'(甚) 자를 써서 안타까움을 더했습니다.

② 東門之栗 有踐家室 豈不爾思 子不我卽

'동문지률'은 동문 곁에 밤나무[栗]가 있다는 뜻입니다. '유천가실'에서 '밟을 천'(踐)은 '행렬을 지어 쭉 늘어서 있는 모양'입니다. 지금 동문 밤나무 아래에서 연인이 사는 곳을 바라보고 있습니다. 어느 집일까, 가늠하고 있겠지요.

'기불이사', 여기서 '이'(爾)는 '너'입니다. '어찌 그대가 그립지 않겠는가?'의 의미죠. 그런데 그대가[子] 나에게 오지 않네요[不我卽]. 어떤 상황인가요? 한 사람은 애가 타는데 상대는 냉담하군요. 변심한 연인의 집을 바라보는 마음이 씁쓸합니다. '즉'(卽)을 유심히 봐 주세요. 일반적으로 '곧 즉'은 '즉'(則) 자와 용례가 같습니다. 구절을 연결하는 부사이지요. 하지만 여기서는 '나아가다'[就]라는 의미의 동사로, '찾아오다'라고 번역합니다.

16. 풍우風雨

風雨凄凄 鷄鳴喈喈
풍 우 처 처 계 명 개 개

비바람이 서늘한데
닭은 꼬끼오 우는구나.

旣見君子 云胡不夷
기 견 군 자 운 호 불 이

이제 그대를 만나니
어찌 마음이 편안하지 않겠어요?

風雨瀟瀟 鷄鳴膠膠
풍 우 소 소 계 명 교 교

비바람 세찬데
닭은 꼬끼오 우는구나.

旣見君子 云胡不瘳
기 견 군 자 운 호 불 추

이제 그대를 만나니
어찌 내 병이 낫지 않겠어요?

風雨如晦 鷄鳴不已
풍 우 여 회 계 명 불 이

비바람 불어 어둑한데,
닭 울음은 그치지 않네.

旣見君子 云胡不喜
기 견 군 자 운 호 불 희

이제 그대를 만나니
어찌 기쁘지 않겠어요?

비바람과 닭 울음소리가 나오는 〈풍우〉입니다. 비바람이 불고 날이 어둡지만 사랑하는 사람을 만나서 기쁘다고 합니다.

자유연애 중인 여자가 이런 때에 약속했던 사람을 만나서 마음이 기쁘다는 것을 말한 것이다.

淫奔之女, 言當此之時, 見其所期之人而心悅也.
음 분 지 녀　언 당 차 지 시　견 기 소 기 지 인 이 심 열 야

주자는 이·시의 여인도 음분녀(淫奔女)로 사랑에 빠져 도리에 어긋한 행동을 거리낌 없이 한다고 하네요. 여러분은 어떠신가요? 비바람이 불고 닭이 꼬끼오 우는 새벽이라도 사랑하는 사람을 만난다면 기쁘겠지요. 만약 이 시가 「정풍」이 아니라 「주남」, 「소남」에 있었다면 여기서 군자는 남편이 됐을 겁니다. 오랜 전쟁에 나갔다가 폭풍우를 뚫고 새벽에 집으로 돌아온. 하지만 「정풍」을 음란한 노래로 보는 관념이 워낙 강한지라, '음분', 사랑에 빠져 이것저것 생각하지 않는 여인의 노래가 되고 말았네요. 아쉽습니다.

① 風雨凄凄 鷄鳴喈喈 旣見君子 云胡不夷

'풍우처처 계명개개'에서 '처처'(凄凄)는 차가운 기운입니다. '쓸쓸할 처'(凄) 자를 겹쳐 써서 비바람[風雨]이 불어 '서늘하다'는 형용사가 됐지요. '계명개개'에서 '개'(喈)는 새소리인데요. 여기서 '개개'는 의성어로 '꼬끼오' 하는 닭 울음소리입

니다. 「주남」 <갈담>에서는 '개개'가 꾀꼬리[黃鳥] 울음소리로
나와서 '꾀꼴꾀꼴'이라고 풀었답니다(『시경 강의』1, 70쪽). 시
속의 의성어, 의태어는 상황에 따라 이렇게 저렇게 풀어야
지요. 닭이 꼬끼오 우니, 시 속의 시간은 아직 어두운 새벽이
겠군요.

'기견군자 운호불이', '이미 기'(旣) 자이지만 여기서는
'이제'라고 풀겠습니다. '기견군자'는 「주남」 <여분>에서는
전쟁터에 나갔던 남편을 만난 것이었습니다(『시경 강의』1,
141쪽). 앞으로도 여러 번 나올 겁니다. 여기서 '군자'는 만나
기로 약속되어 있던 남자, 연인이지요. 모르겠네요. 왜 이렇
게 새벽에 약속을 잡았는지…. 아! 불륜 커플은 그럴 수 있
다고요.^^ '운호불이'는 '어찌 ~하지 않겠어요?'라는 부정 강
조문입니다. '운'(云)은 어조사로 해석하지 않습니다. '호'(胡)
는 '어찌'라는 뜻이지요. '오랑캐 이'(夷) 자가 나오면 '동이'(東
夷)라는 단어가 바로 떠오르지요. 서융(西戎), 남만(南蠻), 북
적(北狄)과 함께. '활 궁'(弓)과 '클 대'(大)가 합쳐져 '이'(夷)가
되었다고 합니다. 여기서는 '편안하다'[平]는 뜻입니다. 사랑
하는 그대를 만나고 나니 안심이 된다는 것이지요.

② 風雨瀟瀟 鷄鳴膠膠 旣見君子 云胡不瘳

'풍우소소 계명교교'에는 앞의 '처처', '개개'가 '소소', '교교'로 변형되었군요. '강이름 소'(瀟)이지만 '소소'는 비바람이 세게 부는 모양입니다. '교교'는 '개개'와 같습니다. '꼬끼오', 닭 울음소리이지요. '교'(膠)는 아교(阿膠)를 말합니다. 이 '교' 자를 쓰는 말로, 교주고슬(膠柱鼓瑟) 같은 성어가 있지요. '거문고 줄[瑟]을 지탱하는 기둥[柱]을 아교로 붙여 놓고[膠] 연주를 한다[鼓]'는 뜻으로 융통성이 없는 것을 말합니다. '막역지우'(莫逆之友)만큼 많이 쓰지는 않지만 '교칠지교'(膠漆之交)란 성어도 있지요. 아교와 옻과 같이 친밀하고 두터운 관계를 말합니다.

'기견군자 운호불추', 1장과 같은 구문이군요. '추'(瘳)는 '병나을 추'입니다. 주자의 주석에서는 이 여인이 '적사지병'(積思之病)에 걸렸다고 하는군요. 그리움이 쌓여서 생긴 병, 바로 상사병(相思病)이지요. 이런 병에 걸렸으니, 비바람 부는 새벽에도 뛰어나가 만날 수밖에요. 이제 만났으니 병이 말끔히 나았네요. 흠, 효과가 빠르군요.

③ 風雨如晦 鷄鳴不已 旣見君子 云胡不喜

'풍우여회'에서 '회'(晦)는 '어둡다'입니다. '비바람이 부는 어두운 새벽'이군요. '계명불이', 그래도 닭 울음소리[鷄鳴]는 멈추지 않고요[不已]. 혹시 닭 울음소리가 이 여인의 그리운 마음, 보고 싶다는 외침을 대신한 것인지도 모르겠습니다. '이'(已)는 '그치다'[止]란 뜻입니다.

'기견군자 운호불희'는 앞장에서 마지막 글자만 달라졌네요. '기쁠 희'(喜)이니 '어찌 기쁘지 않겠어요'라고 풀면 됩니다. 사랑하는 사람이 만병통치약이네요. 불안했던 마음이 편해지고, 병이 낫고, 기뻐지니까요. 하긴 사랑에 빠지면 누구나 이렇게 되지요.

17. 자금 子衿

青青子衿 悠悠我心
청청자금 유유아심

푸른 옷깃의 그대여,
끝이 없어라 나의 그리움은

縱我不往 子寧不嗣音
종아불왕 자녕불사음

내가 가지 못하는데
그대는 어찌 소식을 전하지 않나요?

青青子佩 悠悠我思
청청자패 유유아사

푸른 패옥의 그대여,
끝이 없어라, 나의 그리움은.

縱我不往 子寧不來
종아불왕 자녕불래

내가 가지 못하는데
그대는 어찌 오지 않나요?

挑兮達兮 在城闕兮
도혜달혜 재성궐혜

가볍게 거침없이,
성의 누대에 오르노라.

一日不見 如三月兮
일일불견 여삼월혜

하루를 보지 못했는데
석 달이나 된 듯.

〈자금〉은 인용 빈도가 높은 유명 작품입니다. 주자는 〈자금〉도 〈풍우〉와 같이 작중 화자를 자유연애에 빠진 여인으로 보았습니다. 당연히 '음분시'라고 했지요.

하지만 「모시서」에서는 '학교를 폐지한 것을 풍자했다'고 하여 난세를 비판한 '풍자시'로 봤답니다. 후대의 인용도 「모시서」의 해석을 취하는 경우가 많고요. 그런데 왜 학교 이야기가 나오는 걸까요? '청금', 푸른 옷깃을 학생의 복장으로 보았기 때문입니다. <자금>은 학교가 폐해지고 학생이 떠난 후에 남아 있는 학생들이 떠난 친구들을 책망하는 작품이라고 하는데요. 주자의 해석과 차이가 크지요. 그래도 '학교'가 나왔으니 관련 자료를 읽고 가겠습니다.

『맹자』「등문공」 상을 보면 이제 막 제후가 된 등나라 문공이 맹자에게 치국의 방법을 묻습니다. 이때 맹자는 '항산'과 '항심'을 말하면서 토지, 세금 정책 다음에 교육 정책을 말합니다.

상, 서, 학교를 만들어 백성들을 교육해야 합니다. '상'은 교양을 기르는 것이고, '교'는 가르쳐 바로잡는 것입니다. '서'는 활쏘기를 통해 능력을 시험하는 것입니다.
하나라 때는 '교'라 했고, 은나라 때는 '서'라 했고, 주나라에서는 '상'이라 했지만 배운다는 뜻에서는 삼대가 같습니다. 모두 인륜을 밝히는 것입니다. 위에 있는 사람들이 인륜을 밝히면 아래에서 백성들이 군주와 가까워집니다.『맹자』「등문

공」상

設爲庠序學校以教之: 庠者, 養也; 校者, 教也;
설위상서학교이교지 상자 양야 교자 교야

序者, 射也. 夏曰校, 殷曰序, 周曰庠, 學則三代共之,
서자 사야 하왈교 은왈서 주왈상 학즉삼대공지

皆所以明人倫也. 人倫明於上, 小民親於下.
개소이명인륜야 인륜명어상 소민친어하

고대의 하은주 삼대부터 평민층에게 교양을 가르치기 위한 학교[小學]를 두었다는 것이 유가 정치학의 핵심 내용 중의 하나이지요. 백성들이 '인륜', '오륜'을 알아야만 통치가 가능하다는 교화론입니다. 나라에서 귀족층을 위한 '태학'(太學), 백성을 위한 '소학'을 세웠다 전해지는데, 〈자금〉을 '학교'와 연관하여 볼 근거가 될까요? 솔직히 확실하지 않고 알 수도 없지요.

하지만 공영달은 『모시정의』에서 『춘추좌씨전』 양공 31년(기원전 542)의 기록을 근거로 제시했답니다. 〈청금〉을 학교 폐지와 관련해서 인용하는 경우가 많은 만큼, 좀 길지만 읽고 가겠습니다.

정나라 사람들이 향교에서 교유하면서 집정의 정치를 비판하였다. 연명이 자산에게 말했다.
"향교를 폐지하는 것이 어떨까요?"

자산이 대답했다.

"어찌 그렇게 하겠습니까? 사람들은 아침저녁으로 일을 마친 후에는 학교에서 놀면서 정치를 담당한 사람의 좋고 나쁜 점을 논합니다. 그중에 칭찬하는 것은 내가 그대로 행하고 비판하는 것은 내가 고치면 되니, 그들은 나의 스승입니다. 어찌 향교를 폐지하겠습니까? 저는 성실함으로 원망을 줄일 수 있다는 말을 들었지, 권위를 이용해서 원망을 막았다는 말을 들어 보지 못했습니다. 어찌 급하게 그들의 논평을 멈추게 할 수 있겠습니까? 그리고 사람들의 입을 막는 것은 흐르는 물을 막는 것과 같으니 막은 물길이 한꺼번에 터지면 다치는 사람이 많아질 텐데, 나는 구할 수가 없습니다. 물길을 조금씩 터서 길을 따라 흐르게 하는 것만 못합니다. 내가 그들의 비판을 듣고 그것을 약으로 삼으면 됩니다."

鄭人游于鄉校, 以論執政.
정인유우향교 이론집정

然明謂子産曰: "毁鄉校, 何如?"
연명위자산왈 훼향교 하여

子産曰: "何爲? 夫人朝夕退而游焉, 以議執政之善否,
자산왈 하위 부인조석퇴이유언 이의집정지선부

其所善者, 吾則行之, 其所惡者, 吾則改之, 是吾師也,
기소선자 오즉행지 기소악자 오즉개지 시오사야

若之何毁之? 我聞忠善以損怨, 不聞作威以防怨,
약지하훼지 아문충선이손원 불문작위이방원

豈不遽止? 然猶防川, 大決所犯, 傷人必多,
기불거지 연유방천 대결소범 상인필다

吾不克救也. 不如小決, 使道不如, 吾聞而藥之也."
오 불 극 구 야　불 여 소 결　사 도 불 여　오 문 이 약 지 야

정나라에 향교가 있었고 그곳이 정치토론장이었는데, 당대 최고의 재상이었던 정자산도 비판을 피할 수 없었던 모양입니다. 그러자 대부 연명이란 사람이 향교를 없애자고 하는데, 자산이 향교가 있어야 하는 이유를 말하는군요. 여론의 자유가 있어야 안정적으로 정권을 유지할 수 있다니, 자산의 정치론이 대단합니다.

공영달은 이런 자료를 근거로 정나라에서 학교들이 폐교된 일도 있었을 것이고, 〈자금〉이 그런 상황을 노래한 것이라 추정한 것인데, 여러분은 어떠신가요? 풍자시, 연애시, 어떻게 보셔도 좋습니다. 여기서는 주자의 해석을 따라가겠습니다.

① 靑靑子衿 悠悠我心 縱我不往 子寧不嗣音

'청청자금'에서 '청청'(靑靑)은 말 그대로, '푸르고 푸르다'이지요. '옷깃 금'(衿)은 '금'(襟)과 같은 글자인데, 여기서는 별도의 푸른 옷감으로 옷의 깃을 두른 것을 말합니다.

'자'(子)는 여인이 사랑하는 남자입니다. 우리가 애인을

기억하는 방법은 참 다양합니다. 머리핀, 장갑, 핸드백으로 기억하기도 하고, 불맛 떡볶이, 쫄면으로 기억할 수도 있지요. 지금은 푸른 옷깃으로 연인을 표현하고 있습니다. 제유법이지요. 여러분은 어떠신가요? 아무래도 20대 초반으로 시간여행을 해야겠군요. '멀 유'(悠)를 겹쳐 쓴 '유유'(悠悠)는 생각, 그리움이 아득히 이어지는 모습이지요. '유유아심', 연인을 그리워하는 여인의 마음이 끝이 없습니다.

그다음 '종아불왕 자녕불사음', '놓을 종'(縱)은 '방종'(放縱), '칠종칠금'(七縱七擒), '종횡무진'(縱橫無盡) 등 우리가 일상에서 쓰는 단어가 많습니다. 하지만 여기서는 부사로 '설령 ~일지라도' 라는 뜻입니다. '종아불왕'은 '설령 내가 가지 못한다 해도' 정도가 좋겠군요. '자녕불사음'에서 '편안할 녕'(寧)은 여기서는 '어찌'라는 의문부사입니다. '사음'은 '이을 사'(嗣), '소리 음'(音)으로 소식을 계속 전하는 것이지요. '음'에는 편지, 소식의 뜻도 있거든요. 지금 이 남자는 무심하군요. 변심한 것일까요? 사랑에 빠진 연인을 찾아갈 수도 없는 답답한 상황인데, 연락을 끊다니. 하지만 원망하기보다는 간절히 호소합니다. 제발 '카톡' 좀 하라고….

② 靑靑子佩 悠悠我思 縱我不往 子寧不來

'청청자패', 이번에는 푸른 패옥[佩]이 나옵니다. 남자가 푸른 패옥을 찬 멋쟁이군요. '유유아사'는 그리움[思]이 끝이 없다는 말입니다. '유유아사'는 「패풍」의 <종풍>과 <웅치>에서도 나왔지요. 왠지 익숙하다, 하셨을 겁니다. 그리움을 표현하는 관용구랍니다. '유유아사'!

'종아불왕 자녕불래', 내가 갈 수 없는 상황[縱我不往]이라면 상대방이 와 줘야지요. 하지만 '자녕불래', 이 남성[子]은 오지 않는군요. 냉정한 사람인데, 이런 정도라면 연인이라 할 수 있을까요? 고개를 강하게 저으시는군요. 제 생각도 그렇습니다.

③ 挑兮達兮 在城闕兮 一日不見 如三月兮

3장은 1, 2장과 다르군요. '도혜달혜 재성궐혜'에서 우선 '어조사 혜'(兮)는 해석하지 않지요. '돋을 도'(挑)와 '통달할 달'(達)을 어떻게 풀어야 할까요? 소식도 없고 찾아오지도 않는 연인을 기다리는 여인의 행동으로 보겠습니다. '도'는 '도전'(挑戰), '도발'(挑發) 등의 단어로 익숙한데요. 여기서는 가볍게 뛰어오르는 모습입니다. '달'은 거침없이 방자한 것이고요. 지금 이 여인은 그립고 답답한 마음에 거침없이 성의 누각에 오릅니다. '재성궐혜'에서 '대궐 궐'(闕)은 누대(樓臺)로 멀리까지 바라볼 수 있는 전망대이지요. 오죽하면…. 그녀의 마음, 충분히 이해됩니다.

마지막 구절을 볼까요? '일일불견, 여삼월혜', 사랑하는 사람을 하루라도 보지 못하면, 네, 그렇습니다. 삼 개월이 지난 듯, 길고 길게 느껴지지요. 이 구절은 「왕풍」의 〈채갈〉(采葛)에도 나옵니다. 하루라도 그대를 보지 못하면 '삼월'(三月), '삼추'(三秋), '삼세'(三歲)가 지난 듯하다고. 여기의 '여삼월'(如三月)도 '여삼추'(如三秋)와 같습니다. 연인들의 시간은 짧기도 하고 길기도 하지요. 헤어져 있는 시간은 하루가 삼 개월이 된 듯하고요.

그럼 『모시』에서는 3장을 어떻게 볼까요? 우선 '도달'을 '이리저리 왕래하며 시간을 보내는 모습'으로 봅니다. 학교에 남은 학생들이, 떠난 친구들이 공부 대신 성의 누대에 올라 멀리 바라보는 것을 즐거움으로 삼고 있는 것을 책망하는 것이라고. 하루라도 공부를 하지 않으면 석달을 하지 않은 것과 같은데, 어찌 학교를 떠났느냐고….

18. 양지수揚之水

揚之水 不流束楚
양 지 수 불 류 속 초

느리게 흐르는 강물이여, / 가시나무
다발도 흘려보내지 못하리.

終鮮兄弟 維予與女
종 선 형 제 유 여 여 여

믿을 형제가 적으니
오직 나와 너뿐.

無信人之言 人實迁女
무 신 인 지 언 인 실 광 여

다른 사람 말을 믿지 말라.
그들은 너를 속일 뿐이니.

揚之水 不流束薪
양 지 수 불 류 속 신

느리게 흐르는 강물이여,
땔나무 다발도 흘려보내지 못하리.

終鮮兄弟 維予二人
종 선 형 제 유 여 이 인

믿을 형제가 적으니
우리 두 사람뿐.

無信人之言 人實不信
무 신 인 지 언 인 실 불 신

다른 사람 말을 믿지 말라,
그들은 믿을 수 없으니.

2장 6구의 〈양지수〉를 읽어 볼까요? 『시경』에는 〈양지수〉란 제목의 작품이 두 편입니다. 「왕풍」〈양지수〉는 3장 6구로 변방을 지키는 병사의 노래입니다. 고향과 가족에 대한 그리움으로 가득 찬 작품이지요. 「정풍」의 〈양지

수〉는 연인의 노래입니다. 주자는 '음탕한 자들이 서로에게 하는 말'이라고 봤지만요.

연애 중인 남녀가 서로 말하였다.

"느릿느릿 흐르는 강물은 묶어 놓은 나뭇단도 흘려보내지 못한다. 혼인 관계로 맺은 형제들이 적으니 나와 너가 있을 뿐이다. 어찌 다른 사람의 이간질하는 말 때문에 나를 의심한단 말인가. 저들의 말은 다만 너를 속이는 것일 뿐이다."

淫者相謂, "言揚之水, 則不流束楚矣. 終鮮兄弟,
음 자 상 위   언 양 지 수   즉 불 류 속 초 의   종 선 형 제
則維予與女矣. 豈可以他人離間之言而疑之哉?
즉 유 여 여 여 의   기 가 이 타 인 리 간 지 언 이 의 지 재
彼人之言, 特誑女耳."
피 인 지 언   특 광 여 이

사랑에 빠진 연인들도 오해하고 싸우지요. 격렬하게. 그럴 때 늘 하는 말이 있지요? 이 세상에는 우리 둘뿐이라고. 주자는 〈양지수〉를 그런 상황에서 나온 노래라고 봅니다. 한때 유행했던 노래 중에 '오빠 한번 믿어 봐', '오빠만 믿어' 같은 노랫말이 있었지요. 오직 나만 믿으라고.

그런데 '형제'라는 단어가 걸리는군요. 주자는 '혼인한 사람 사이의 호칭'이라고 했습니다. 지금이야 형제는 부모

밑의 동기간만을 말하지요. 하지만 이전에는 남녀의 혼인으로 맺어진 양가의 친인척도 형제라고 했습니다. 고종(姑從), 이종(姨從) 등등, 형제의 범위가 넓었지요. 친정아버님이 고종, 이종들과 가깝게 지내시고 서로 알뜰히 챙기시던 기억이 새롭군요. 지금은 누구나 할 것 없이 사촌, 조카들과의 관계가 소원하지요. 결혼식장, 장례식장에서 잠깐 얼굴을 볼 정도이니까요.

① 揚之水 不流束楚 終鮮兄弟 維予與女
　　無信人之言 人實迋女

'양지수, 불류속초', 이 두 구절은 「왕풍」 〈양지수〉 2장의 첫 두 구절과 똑같습니다. 2장의 '양지수, 불류속신'(揚之水, 不流束薪)은 「왕풍」 〈양지수〉의 1장 첫 두 구절과 같고요. 『시경』의 시 구절들이 레고 블록처럼 돌아다니다가 이렇게 저렇게 연결되는데, 〈양지수〉 두 작품에서도 확인할 수가 있지요. 작품의 내용은 판이하지만요.

'양지수'에서 '오를 양'(揚)은 '물이 느리게 흐르는 모양'입니다. '불류속초'에서 '속초'는 '묶을 속'(束), '가시나무 초'(楚)로 가벼운 가시나무 묶음이지요. 강물이 너무도 느리게 흘러 가시나무 나뭇단도 떠내려 보내지 못하는군요. 다른 해석도 있습니다. '양지수'를 '물이 세차게 흐르는 것'으로 보는 겁니다. 그러면 '양지수, 불류속초'는 '세차게 흐르는 강물, 나무 다발을 떠내려 보낼 수 없겠는가?'가 됩니다. 정반대가 되지요. 여기서는 주자의 풀이를 택하겠습니다.

그다음 '종선형제 유여여여'를 볼까요? '종'은 '이미 기'(旣)이지요. '고울 선'(鮮)은 여기서는 '드물다[少]'는 뜻의 동사입니다. '형제'를 혼인으로 맺어진 양가의 친척으로 보면 그들을 믿을 수 없다는 뜻이 되는군요. '유여여여', 이 세상에 믿을 사람은 '오직[維] 나[予]와 너[女], 둘뿐'이라고 하니까요.

그렇지요. 열애 중에는 이 세상에 두 사람만 존재하는 듯하지요. 벌써 20여 년 전인데요. 정면으로 제자가 애인과 두 손 꼭 잡고 걸어오더군요. 아는 체를 했지만 바로 앞의 선생도 몰라보고 지나갔습니다. 순간 무안했지만, "아! 부모도 안중에 없을 때지. 하물며 선생이야!" 하고 100퍼센트 이해했습니다.^^

그다음 구절 '무신인지언 인실광여'를 볼까요. 이 연인에게 무슨 일이 생겼군요. 주변 사람, 형제로 인해 오해가 생긴 모양입니다. '무'(無)는 금지사로 '말 무'(毋)와 같지요. '다른 사람의 이간질하는 말[人之言]을 믿지 말라고 하네요. '인실광여'는 '그 사람들은[人] 참으로[實] 너를[女] 속인다[誑]'는 뜻입니다. '열매 실'(實)은 '단지', '다만'으로 푸셔도 됩니다. '속일 광'(誑)은 '속일 광'(誆) 자가 더 익숙하실 겁니다. 우리 둘뿐이니 오직 나만 믿어야 한다는 호소가 절실하군요.

② 揚之水 不流束薪 終鮮兄弟 維予二人
　　無信人之言 人實不信

'양지수, 불류속신', 이번에는 '속신'(束薪)이 나오네요. '속신'은 땔나무 묶음입니다. 강물이 느리게 흘러 땔나무 묶음도 떠내려가지 못할 정도군요. '신'(薪)은 '땔나무 신'으로 '땔나무 묶음'도 가볍지요. '종선형제 유여이인'에서 '종선형제'는 앞에서 보았구요. '유여이인', 즉 '오직 우리 두 사람뿐'이라고 하는군요. '무신인지언 인실불신'은 '다른 사람은 믿을 수 없다. 오직 나만 믿어 달라' 정도로 풀어 주면 되겠습니다. 연인 사이에 뭔가 불신을 초래한 일이 있었을 텐데, 생략되어 알 수 없지요. 이때 필요한 것이 시적 상상력이지요. 빈 부분을 가득 채워 읽어 주십시오.

19. 출기동문 出其東門

出其東門 有女如雲
출 기 동 문 유 녀 여 운

동문을 나서니
구름처럼 많은 여인들.

雖則如雲 匪我思存
수 즉 여 운 비 아 사 존

구름처럼 많지만
내가 사랑하는 이는 있지 않네.

縞衣綦巾 聊樂我員
호 의 기 건 료 락 아 운

흰옷에 쑥색 수건을 쓴 여인,
그녀만이 나를 즐겁게 하지.

出其闉闍 有女如荼
출 기 인 도 유 녀 여 도

성문을 나서니
띠꽃 같은 여인들.

雖則女荼 匪我思且
수 즉 녀 도 비 아 사 저

띠꽃 같이 아름답지만
내가 사랑하는 이는 아니네.

縞衣茹藘 聊可與娛
호 의 여 려 료 가 여 오

흰옷에 붉은 수건을 쓴 여인,
그녀와 즐기고 싶어라.

아름다운 작품입니다. 주변에 수많은 미모의
여인이 있어도 내가 사랑하는 여인은 아니라고 하네요. 오
직 흰옷을 입고 특정 빛깔의 머릿수건을 쓴 여인에게만 마

음이 간다고 하니까요. 취향이 뚜렷하군요. 우리의 주자 선생님께서 시를 읽으시는 안목이 남다르신 것은 이미 여러 차례 말씀드렸지요. 감탄하게 될 때가 종종 있으니까요. 그런데 〈출기동문〉에서는 동의하기 어렵군요. 적어도 저 개인적으로는…. 그래도 주자의 해석을 따라가 보겠습니다. 우선 동문을 나서면 보게 되는 자유연애에 빠진 여인들을 바라보는 한 남성이 등장합니다. 이 시의 작중 화자는 오직 아내만을 사랑하는 남성입니다.

① 어떤 사람이 자유분방한 여자들을 보고 이 시를 지어 말했다.

"이 여자들이 아름답고 또 많으나 내가 사랑하는 여인은 그중에 있지 않다. 그녀들은 나의 아내가 비록 가난하고 초라하나 그런대로 스스로 즐길 수 있음만 못하다."

② 이때에 음란한 풍속이 크게 유행했지만 그중에도 이와 같은 사람이 있으니, 또한 스스로 좋아하는 바를 지켜서 세태에 따라 마음이 흔들리지 않았다고 할 만하다. 맹자가 부끄러워하고 미워하는 마음을 사람들이 모두 가지고 있다고 했으니 어찌 믿지 않겠는가!

人見淫奔之女而作此詩. "以爲此女,
인 견 음 분 지 녀 이 작 차 시   이 위 차 녀

雖美且衆, 而非我思之所存, 不如己之室家, 雖貧且陋,
수 미 차 중 이 비 아 사 지 소 존 불 여 기 지 실 가 수 빈 차 루
而聊可自樂也."
이 료 가 자 락 야
是時淫風大行, 而其間乃有如此之人,
시 시 음 풍 대 행 이 기 간 내 유 여 차 지 인
亦可謂能自好而不爲習俗所移矣. 羞惡之心,
역 가 위 능 자 호 이 불 위 습 속 소 이 의 수 오 지 심
人皆有之, 豈不信哉?
인 개 유 지 기 불 신 재

①에 작품 안에는 없는 '실가', 아내가 나오네요. 동문 밖의 화려한 여인을 보면서 가난한 살림살이에 소박하고 수수한 옷차림의 아내를 생각하는군요. 혹시 그런 적 있으신가요? 강남역에서 세련된 도시 미인을 보면서 집안의 추리닝 차림으로 육아에 지친 아내를 생각하는? 흠….

②는 작중 화자로 설정된 남성에 대한 주자의 평가입니다. 음란한 세태에도 흔들리지 않고 아내만을 사랑하는 의연한 남성이 여기 있다고 하네요. 『맹자』의 '사단'(四端) 중에 '수오지심'을 거론했군요. '부끄러워하고 미워하는 마음은 의의 단서이다'[羞惡之心, 義之端也]라는. 지금 이게 뭔가, 하시는 분들 계실 겁니다. 계속 '음부'(淫婦)의 '음분지시'(淫奔之詩)로 푸시던 분이 〈출기동문〉에서 '정인군자'(正人君子)를 소환하셨으니까요.

① 出其東門 有女如雲 雖則如雲 匪我思存
　 縞衣綦巾 聊樂我員

'출기동문 유녀여운', 여기서 '여운'(如雲)은 '아름답고 많다'
는 뜻입니다. 동문을 나서니 아름다운 여인들이 구름처럼
모여 있군요. 그다음 '수즉여운, 비아사존'의 화자는 동문
밖 자유분방한 여성들[淫奔之女]을 바라보는 남성이지요. 비
록[雖] 여인들이 구름처럼 많지만[如雲] 자신이 사랑하는[思]
여인은 그중에 없다고 하네요. '비아사존'의 '아닐 비'(匪)는
'비'(非)의 뜻이지요.

　자, 이제 이 남성이 사랑하는 여인을 만나 볼까요? '호
의기건'에서 '호의'(縞衣)와 '기건'(綦巾)을 주자는 '여자의 옷
중에서 초라하고 허름한 것'이라고 했습니다. 바로 '실가',
작중 화자의 안사람의 옷차림이지요. '흴 호'(縞)로 '호의'는
염색하지 않은 값싼 옷입니다. '기건'은 '쑥빛 기'(綦), '수건
건'(巾)으로 아내가 쑥빛 머릿수건을 쓴 것입니다. 지금 이
남자는 동문 밖의 화려하고 아름다운 여성들에게 눈길을 돌
리지 않고 집으로 직진하고 있네요. 왜일까요? 군자라서?

　'료락아운'에서 '애오라지 료'(聊)는 영어의 'only', 즉 '오
직'으로 풀기가 쉽지요. 하지만 국어사전을 찾아보면 '애오

라지'는 '부족하나마 그런대로'라고 되어 있습니다. 이 시에서도 이런 의미로 풀어 주어야 합니다. 아내가 미모나 옷맵시나 여러 가지로 동문 밖의 여성들에 미치지 못하겠지요. 하지만 '그런대로' 내 마음은 아내에게 가 있다는 뜻이니까요. '인원 원'(員)은 여기서는 '이를 운'(云)으로 음도 '운'으로 읽습니다. 어조사로 해석하지 않지요. 정리하면 '료락아운'은 '그런대로 나는 아내와 즐겁게 살아가네', '나를 즐겁게 하는 사람은 아내뿐이네' 정도가 됩니다. 괜찮은 사람이고 훌륭한 남편인데, 갑자기 '윤리 교과서'를 읽는 기분이군요.

② 出其闉闍 有女如荼 雖則女荼 匪我思且
　　縞衣茹藘 聊可與娛

'출기인도 유녀여도', 이번에는 '인도'(闉闍)로 나가는군요. '인도'는 '성곽 문 인'(闉), '망루 도'(闍)를 합친 말로 성문을 의미합니다. 성문을 나서서 보니, 이번에는 띠꽃 같은 아름다운 여성들이 많군요. '씀바귀 도'(荼)는 여기서는 흰 띠꽃으로 아름다운 여인을 비유한 말입니다. 길에 매력적인 여성들이 가득하군요.

　'수즉녀도 비아사저', 아무리[雖] 띠꽃처럼 아름다운 여성이 많아도 작중 화자가 사랑하는[思] 사람은 아니군요. 그 다음 '호의여려 료가여오'를 볼까요? 이번에는 '기건'이 '여려'로 바뀌었군요. '꼭두서니 여', '꼭두서니 려'로 꼭두서니 뿌리로 붉게 물들인 머릿수건을 쓴 여인은 작중 화자의 아내이지요. 이런 차림의 아내와 같이 즐겁게 살겠노라, 고백합니다. 확실히 '수오지심'을 지닌 '정인군자'인가 봅니다. 글쎄요. 「정풍」에 이런 건전가요가 있다니. 이쯤 되면 『모시』의 풀이가 궁금해집니다.

〈출기동문〉은 세상이 혼란한 것을 걱정한 것이다.

장공의 아들들이 다섯 번이나 제후 자리를 다투니 병란이 끊이지 않았다. 남녀가 서로 버리는 지경까지 이르렀으니 백성들이 가정을 지킬 것을 생각한 것이다.

出其東門, 閔亂也. 公子五爭, 兵革不息, 男女相棄,
출 기 동 문 민 란 야 공 자 오 쟁 병 혁 불 식 남 녀 상 기
民人思保其室家焉.
민 인 사 보 기 실 가 언

정 장공의 사후 아들들끼리의 권력 투쟁 기간이 길었는데, 〈출기동문〉을 그런 혼란기를 배경으로 한 작품으로 보는군요. 이러면 동문 밖의 구름같이 많은 여인들은 난리 중에 버림받은 '기부'(棄婦)가 됩니다. 그리고 작중 화자는 그

녀들을 구해 줄 수가 없다고 합니다. 자신의 처지도 다급하니까요. 여기서 '호의'는 남성의 복장이고 '기건'은 여성의 복장으로, 부부가 다시 만나 이전처럼 잘 살기를 바라는 것으로 봅니다. 차이가 크지요. 참고해 주십시오.

20. 야유만초 野有蔓草

野有蔓草 零露漙兮
야 유 만 초 영 로 단 혜

들판에 뻗어 있는 덩굴풀,
이슬 내려 촉촉하네.

有美一人 淸揚婉兮
유 미 일 인 청 양 완 혜

아름다운 그대여.
눈매가 곱고 예쁘구나.

邂逅相遇 適我願兮
해 후 상 우 적 아 원 혜

우연히 그대를 만나니
내가 원하던 사람이구나.

野有蔓草 零露瀼瀼
야 유 만 초 영 로 양 양

들판에 뻗어 있는 덩굴풀,
이슬이 치렁치렁.

有美一人 婉如淸揚
유 미 일 인 완 여 청 양

아름다운 그대여.
눈매가 곱고 시원하네.

邂逅相遇 與子偕臧
해 후 상 우 여 자 해 장

우연히 그대를 만나니
둘 다 원하던 사람이구나.

① 野有蔓草 零露漙兮 有美一人 淸揚婉兮

邂逅相遇 適我願兮

'야유만초', 들판에 만초가 있군요. '만'(蔓)은 '넝쿨 만'으로

'만초'는 넝쿨 풀이 뻗어 있는 것이지요. '영로단혜'의 '영'(零)은 '떨어질 영'이니 이슬이 내렸군요. '단'(漙)은 '이슬 많은 단'입니다. 주자는 '남녀가 들판의 이슬에 젖은 풀밭에서 만나서, 자신들이 있는 장소를 읊어 감흥을 일으켰다'고 하십니다. '음분'이란 단어를 쓰지는 않았는데, 왠지 분위기는 좀 그렇네요. 계속 '음분시'만 봐 와서 그런 걸까요? 우리는 소박한 남녀의 연애시로 보겠습니다.

'유미일인 청양완혜'에서 '미일인'(美一人), 즉 '아름다운 한 사람'은 당연히 애인이지요. '청양'(淸揚)은 설명이 필요합니다. 눈썹과 눈 사이인데, 흔히 눈두덩이라고 하지요. 눈매가 아름답다고 풀어도 좋겠네요. '예쁠 완'(婉)이니까요. 「용풍」의 <군자해로>에서는 '청양'을 '맑은 눈'으로 풀었습니다. (『시경 강의』 2, 226쪽) 같은 단어라도 시의 맥락에 따라 해석이 달라질 수밖에 없답니다.

'해후상우 적아원혜'에서 '해후'는 지금도 쓰는 말이죠. 오랫동안 못 보던 친구를 우연히 만나게 되었을 때, '해후하다'라 하고, '상봉'(相逢)을 붙여서 '해후상봉'이라고 하기도 하지요. 여기서 '해후상우'도 '생각지도 않았는데 우연히 만났다'입니다. '만날 해'(邂), '만날 후'(逅)는 모두 '만날 우'(遇)의 뜻으로 우연히 만난다는 뜻이 있답니다. 만날 약속이 있었다면 '모일 회'(會) 자나 '함께할 동'(同) 자를 쓴답니다. 국제회담(國際會談), 회동(會同)이라고 하잖아요. 양국 정상이 사전 약속 없이 그냥 스치면서 인사했다면 '해후', '해우', '조우'(遭遇)가 되지요. '적아원혜'에서 '적'(適)을 동사로 보면 '내가 원하던 사람에 적합하다'가 됩니다. 우연히 만난 사람이 이상형이라니 부러운 일이지요. '적'을 부사로 보면 '마침'으로 '마침 내가 원하던 사람이네'라고 해석할 수 있는데, 큰 차이는 없답니다.

② 野有蔓草 零露瀼瀼 有美一人 婉如清揚
　　邂逅相遇 與子偕臧

'야유만초'는 앞과 같지요. '영도양양'에서 '양양'(瀼瀼)은 이슬이 많은 모습입니다. '이슬 많을 양'(瀼) 자를 겹쳐 써서 상태를 표현한 형용사가 된 것이지요. '유미일인 완여청양'에서는 1장의 '청양완혜'가 '완여청양'이 되었군요. 해석은 같지요.

　　'해후상우 여자해장'에서 '여자'(與子)는 '그대와'라고 풀면 되겠지요. '해장'(偕臧)은 무엇일까요? '함께 해'(偕), '착할 장'(臧)입니다. 『시경』에서 '해'(偕)는 주로 '해로'(偕老)로 나오지요. 그대와 해로하려 했는데, 이렇게 헤어지게 되었다는 식으로…. '장'은 '선'(善) 혹은 '미'(美) 자와 통합니다. 여기서는 '두 사람이 모두 각자 원하던 짝을 만났다'라는 뜻입니다. 1장에서는 내가 소원하던 사람을 만났다. 2장에서는 두 사람 모두 원하던 사람을 만났다고 하니 귀한 인연이군요. 그래서 주자도 '음분'이란 단어를 쓰지 않았던 것일까요.

21. 진유 溱洧

溱與洧 方渙渙兮
진 여 유 방 환 환 혜

진수와 유수,
봄에 강물이 넘실넘실.

士與女 方秉蘭兮
사 여 녀 방 병 간 혜

난초를 든
남자와 여자.

女曰觀乎 士曰旣且
여 왈 관 호 사 왈 기 저

여자가 말하네. "구경 갈까요?"
남자가 말하네. "이미 다녀왔어요."

且往觀乎
차 왕 관 호

"그래도
다시 구경 가요.

洧之外 洵訏且樂
유 지 외 순 우 차 락

유수 주변은
넓고 즐거운 일이 많아요."

維士與女 伊其相謔
유 사 여 녀 이 기 상 학

남자와 여자는
서로 장난치며

贈之以勺藥
증 지 이 작 약

작약을 선물하네.

溱與洧 瀏其清矣
진 여 유 류 기 청 의

진수와 유수,
깊고도 맑아라.

士與女 殷其盈矣
사 여 녀 은 기 영 의

많이 모인
남자와 여자들.

女曰觀乎 士曰旣且
여 왈 관 호　사 왈 기 저

且往觀乎
차 왕 관 호

洧之外 洵訏且樂
유 지 외　순 우 차 락

維士與女 伊其將謔
유 사 여 녀　이 기 장 학

贈之以勺藥
증 지 이 작 약

여자가 말하네. "구경 갈까요?"

남자가 말하네. "이미 다녀왔어요."

"그래도

다시 구경 가요.

유수 주변은

넓고 즐거운 일이 많아요."

남자와 여자는

서로 장난치며

작약을 선물하네.

　　　제가 좋아하는 〈진유〉를 읽겠습니다. 화창한 봄날, 강가에서 만난 청춘 남녀의 모습과 그들의 대화가 아름답지요. 물론 주자 선생님은 '음분자가 지은 노래'라고 못을 박으셨지만요.

　　　이 시의 시간적 배경은 음력 삼월 상사(上巳), 삼짇날입니다. 주자는 당시 정나라에 삼월 삼짇날이 되면 물가에서 난초를 캐어 불길한 것을 없애는 풍속이 있었다고 합니다. 정나라뿐만이 아니지요. 농경 사회에서는 어디에서나 대자연이 소생하는 봄의 기운을 맞이하는 봄 축제가 열렸으니까요. 겨울의 묵은 기운, 부정한 기운을 떨쳐내는 푸닥거리를 하면서 봄 농사 준비를 하지요. 축제에서는 청춘 남녀의 자연스런 만남도 있기 마련입니다.

우리의 세시풍속에도 음력 3월 3일을 삼월 삼진, 답청절(踏靑節)이라 하며 전국적인 봄 소풍이 있습니다. 강남에 갔던 제비가 돌아온다고 하고 들판에서 풀을 밟아 뿌리를 튼튼하게 하고 꽃놀이를 즐기기도 했지요. 한쪽에서는 활쏘기 시합이 벌어지고, 부녀자들은 진달래꽃으로 장식한 화전(花煎)을 부쳐 먹기도 했습니다. 지금 전해지는 가사 '화전가'는 이때 동네 부녀자들이 불렀던 노래입니다.

① 溱與洧 方渙渙兮 士與女 方秉蕳兮
　　女曰觀乎 士曰旣且 且往觀乎 洧之外 洵訏且樂
　　維士與女 伊其相謔 贈之以勺藥

12구로 되어 있는 〈진유〉 1, 2장은 같은 구조, 같은 구절로 마치 같은 노래를 두 번 부르는 것 같답니다. 크게 한번 읽고 풀어 볼까요?

'진여유'는 진수(溱水)와 유수(洧水)로, 이 두 강은 정나라 도성을 흐르는 강입니다. 〈건상〉에서 여성이 치마를 걷어올리고 건너겠노라 말했던 그 강들이지요. '방환환혜'에서 '방'(方)은 '바야흐로'라는 뜻의 부사입니다. '환환'(渙渙)은 '흘

어질 환'(渙) 자가 겹쳐져서 '봄에 강물이 성한 모양'을 말합니다. 봄에 얼음이 풀리면서 강물이 불어났군요. 강물이 넘실넘실 흐르는 이때, 사람들은 강가로 나아가 봄기운을 즐기지요.

'사여녀 방병간혜'를 볼까요. 봄날 들판으로 나온 남녀[士與女]가 난초[蕳]를 쥐고[秉] 있군요. '바야흐로 방'(方) 자를 두번째와 네번째 구절에 반복해서 써서, 강에 얼음이 녹는 그때, 청춘 남녀가 때를 놓치지 않고 노니는 현장감을 살려줍니다. '잡을 병'(秉)은 손에 쥐는 것이고, '난초 간'(蕳)은 물가에서 자라는 긴 난초입니다. 강가를 거닐며 난초를 꺾어서 들고 다니는 청춘들의 모습이 눈에 선합니다. 마음에 드는 사람과 마주치면 꽃을 건네며 말을 걸겠지요.

다음 구절에서는 여자와 남자의 대화가 이어집니다. '여왈관호 사왈기저', 여자가 먼저 제안하는군요. '같이 구경 갈까요?'[觀乎] 남자의 대답은 냉담합니다. '이미 보았다'[旣且]고 하네요. 여기서 '또 차'(且)는 어조사로 음도 '저'입니다. '이미 기'(旣)는 이미 웬만큼 구경했다는 거절의 표시지요.

'차왕관호 유지외 순우차락', 이 세 구절은 여자의 말입니다. 거절에도 굴하지 않고 다시 호감을 표하는군요. '차왕관호'의 '또 차'(且)는 '다시'라고 해석하시면 됩니다. '다시[且]

가서[往] 구경해요[觀乎]. 유수 일대는 넓고[訏] 즐거운[樂] 일이 많아요.' 이 말을 듣는 순간 남자의 마음이 변했겠지요. '급호감'으로…. '순우차락'에서 '순'(洵)은 '진실로 순', '우'(訏)는 '클 우'입니다. '洵 A 且 B'구문은 〈숙우전〉, 〈유여동거〉에도 나오는데요. '참으로 A하고, 또 B하다'로 풀면 됩니다.

'유사여녀'의 '벼리 유'(維)는 여기서는 허사로, 해석하지 않습니다. '이기상학'의 '학'(謔)은 '희롱할 학'으로 이제 두 사람이 연애를 시작했군요. 1970년대만 해도 자유연애를 '연애질', '희학(戲謔)질'이라 하여 낮잡아 표현하던 때가 있었지요. 지금은 국가, 가족 모두 연애를 적극 권하는 사회가 되었지만요. '그 이'(伊)를 '인하여'[因]로, '그 기'(其)를 '그들'로 푸시면 됩니다. '이'(伊)를 '선웃음 칠 이'(咿)로 보는 주석도 있는데요. 두 사람이 눈웃음을 보내며 사귀는 것이지요. 윙크 효과인가요?

'증지이작약'은 작약을 선물한다는 뜻입니다. 누가 누구에게 주는 걸까요? 난초를 쥐고 있었는데, 작약을 정표(情表)로 주네요, '작약'은 봄꽃 중에서도 가장 화려합니다. 다시 만날 것을 기약하는 거겠지요.

② 溱與洧 瀏其淸矣 士與女 殷其盈矣

　　女曰觀乎 士曰旣且 且往觀乎 洧之外 洵訏且樂

　　維士與女 伊其將謔 贈之以芍藥

'진여유 류기청의'에서 '류'(瀏)는 물이 맑고 깊은 것입니다. 봄에는 강물이 넘실넘실 아름답지요. '사여녀 은기영의'는 강가에 남자와 여자가 많이 모여 있는 것입니다. '나라 은'(殷)은 여기서는 '많다'[衆], '성하다'[盛]의 뜻입니다. '가득 찰 영'(盈)을 썼으니 진수와 유수 일대가 청춘 남녀로 북적이고 있네요. 봄 축제이니까요. 봄날 벚꽃 화사한 남산길의 북적이는 청춘 남녀를 보면 〈진유〉를 읊게 된답니다.

　　그다음 '여왈관호'부터 여덟 구절은 1장의 반복입니다. '이기상학'이 '이기장학'으로 바뀐 것 외에는 차이가 없으니까요. 주자는 '장'(將)도 '상'(相)이 잘못 기록된 것이라고 하네요. 그러면 완전히 같은 후렴구가 되지요. '장차 장'(將)을 '크다'[大]로 보아 남녀가 크게 희희낙락 즐기는 것으로 보는 해석도 있습니다.

　　이렇게 〈진유〉를 읽었습니다. 한 장이 12구나 되지만 풀이가 복잡하지는 않습니다. 내용은 더 간단하지요. 인류학자들은 〈진유〉를 고대의 결혼 풍습 중 봄날에 청춘 남녀가 자유롭게 부부의 인연을 맺는 상황을 보여 주는 작품으로 봅니다. 바로 '야합'(野合)이지요. 사마천이 「공자세가」에서 '공자의 아버지 숙량흘이 안씨 집안 딸과 야합해서 공자를 낳았다'고 한 바람에 공자의 출생을 말하면서 〈진유〉를 인용하는 연구자도 있답니다. 약간 민망하지요. 사실 그다음 구절인 '안씨가 니구산에서 기도한 뒤에 공자가 태어났다'에 대해서도 공자의 어머니 안징재(顏徵在)가 무당이었다는 등등, 이런저런 말들이 있답니다. 알 수 없지요. 저는 『사기』 「중니제자열전」에 안회(顏回)를 비롯해서 안행(顏幸), 안고(顏高), 안지복(顏之僕), 안쾌(顏噲), 안하(顏何) 등 안씨 집안 출신이 많은 것이 더 궁금합니다. 외가 쪽 사촌, 조카들이 아니었을까? 그렇다면 안회가 죽었을 때 아버지 안로(顏路)가 공자에게 아들의 외곽(外槨) 비용으로 수레를 팔아 달라고 한 것도 이해가 되지요. 『논어』 「선진」 공자와 안로는 6살 차이었다고 하니, 혹시 안로가 외사촌이 아니었을까, 이런 생각도 든답니다.

「정풍」을 마치며

이렇게 「정풍」 21편을 모두 읽었습니다. 주자가 「회풍」 말미에는 아무런 언급이 없었지만 「정풍」에는 총평을 남겼습니다. 역시! 예상대로.

① 정나라와 위나라의 음악은 모두 음란한 음악이다. 그러나 시를 살펴보면, 위나라 시는 39편 중에 음란한 시가 겨우 4분의 1인데, 정나라 시는 21편 중에 음란한 시가 7분의 5가 넘는다. 더구나 「위풍」은 남자가 여자를 좋아하는 노래인데, 「정풍」은 모두 여자가 남자를 유혹하는 말로 되어 있다. 위나라 사람들은 오히려 풍자하고 징계하는 뜻이 많은데 정나라 사람들은 방탕하여 전혀 부끄러워하고 뉘우치는 기색이 없으니, 이는 정나라 음악의 음란함이 위나라보

다 심한 것이다.

② 그러므로 공자가 나라를 다스리는 것을 논하면서 정나라의 음악만을 경계하고 위나라에 대해서는 언급하지 않았던 것이다. 이는 심각한 것을 들어서 말한 것이니, 참으로 저절로 정도의 순서가 만들어진 것이다. 시에서 정치의 잘잘못을 살펴볼 수 있다는 것을 어찌 믿지 못하겠는가?

鄭衛之樂, 皆爲淫聲. 然以詩考之,
정 위 지 악   개 위 음 성   연 이 시 고 지

衛詩三十有九, 而淫奔之詩, 才四之一, 鄭詩二十有一,
위 시 삼 십 유 구   이 음 분 지 시   재 사 지 일   정 시 이 십 유 일

而淫奔之詩已不翅七之五. 衛猶爲男悅女之詞,
이 음 분 지 시 이 불 시 칠 지 오   위 유 위 남 열 녀 지 사

而鄭皆爲女惑男之語. 衛人猶多刺譏懲創之意,
이 정 개 위 녀 혹 남 지 어   위 인 유 다 자 기 징 창 지 의

而鄭人幾於蕩然無復羞愧悔悟之萌, 是則鄭聲之淫,
이 정 인 기 어 탕 연 무 복 수 괴 회 오 지 맹   시 즉 정 성 지 음

有甚於衛矣.
유 심 어 위 의

故夫子論爲邦, 獨以鄭聲爲戒而不及衛, 蓋擧重而言,
고 부 자 론 위 방   독 이 정 성 위 계 이 불 급 위   개 거 중 이 언

固自有次第也. 詩可以觀, 豈不信哉?
고 자 유 차 제 야   시 가 이 관   기 불 신 재

주자는 「위풍」의 말미에서 장재의 말을 인용하여 '풍토 결정론'을 설파했지요. 위나라의 지형과 토질 때문에 사람들이 게으르고 태만하며, 음악도 음탕하고 화려한 것을 좋아한다고요(『시경 강의』2, 389~391쪽). 아무리 다시 '지정학'(地政學)이 유행하는 시대가 되었다 하더라도 선뜻 동의하기

어렵지요.

여기서는 「위풍」과 「정풍」을 '음란한 음악'이라고 못박습니다. 그다음에 「위풍」과 「정풍」의 '음분시' 비율을 비교하는군요. 25% 대 70%, 아! 「정풍」이 훨씬 더 높군요. 더구나 「정풍」에는 여성이 남성을 유혹하는 노랫말이 많아서 더 심각하다고 하시네요. 12세기의 관점이지요. 글쎄요, 지금 이런 논의가 무슨 의미가 있을까요? 여자가 남자를 유혹하는 말이 더 문제라니. 「위풍」에는 풍자하고 징계하는 뜻이 있는데, 「정풍」에는 '부끄러움, 후회의 기색'도 없다는 언급에 이르면 뭐라 할 말이 없습니다. 하지만 이런 「위풍」, 「정풍」 비교론은 이후 공자의 '정성추방론'(鄭聲追放論)의 근거가 됩니다. 하지만 역으로 공자의 '정성추방론' 때문에 이런 비교론이 나온 것이라고 보아야겠지요.

그렇다면 공자의 '정성추방론'은 어디에? 네, 『논어』에 있습니다.

안연이 나라를 다스리는 방법을 물었다.

공자가 말씀하셨다.

"하나라의 역법을 행하고 은나라의 수레를 타며 주나라의 관을 쓰고 음악은 소무를 써야 한다. 정성을 추방하고 말

재주 있는 사람을 멀리해야 한다. 정성은 음탕하고 말재주 있는 사람은 위태롭기 때문이다."『논어』「위령공」

顔淵問爲邦.
안 연 문 위 방
子曰 "行夏之時, 乘殷之輅, 服周之冕, 樂則韶舞.
자 왈　행 하 지 시　승 은 지 로　복 주 지 면　악 즉 소 무
放鄭聲, 遠佞人. 鄭聲淫, 佞人殆."
방 정 성　원 녕 인　정 성 음　녕 인 태

공자가 말씀하셨다.

"중간색인 자줏빛이 정색인 붉은빛을 빼앗는 것을 미워하며 정성이 아악을 어지럽히는 것을 미워하며 말만 잘하는 자들이 나라를 전복시키는 것을 미워하노라."『논어』「양화」

子曰: "惡紫之奪朱也, 惡鄭聲之亂雅樂也,
자 왈　　오 자 지 탈 주 야　오 정 성 지 란 아 악 야
惡利口之覆邦家者."
오 리 구 지 복 방 가 자

유감입니다. 정나라 음악을 나라를 어지럽히는 말 재주꾼과 나란히 언급하시다니…. 그럼 공자님이 최고의 음악으로 칭송한 것은 무엇일까요? '진미진선'(盡美盡善)하다는 예찬을 받은 〈소〉(韶)입니다. 순임금의 음악이라고 전해지지요. 〈소〉에 비하면 무왕의 음악인 〈무〉(武)도 부족하다고 하시네요. '아름답기는 하지만 선하지는 않다'(盡美矣, 未盡善也)는 것이 〈무〉에 대한 공자의 평가입니다『논어』「팔일」. 아무래

도 무왕이 정복 전쟁으로 주나라를 세웠기 때문이겠지요. 「주송」(周頌)에 <무>(武)라는 작품이 있습니다. 그에 관해서는 나중에 다시 이야기하기로 하지요. 순임금의 음악 <소>는 음악의 지존이지만 지금 전해지지는 않지요. 물론 공자님은 <소>를 듣고 배우셨습니다.

공자께서 제나라에서 '소'를 들으시고 삼 개월 동안 고기 맛을 잊어버릴 정도에 이르셨다.

말씀하셨다.

"음악이 이 정도 경지에 이를 줄은 생각하지 못했었다."

『논어』「술이」

子在齊聞韶, 三月不知肉味.
자 재 제 문 소   삼 월 부 지 육 미
曰 "不圖爲樂之至於斯也!"
왈   부 도 위 악 지 지 어 사 야

공자가 제 경공을 만난 것은 36세 때였습니다(기원전 516년). 당시 대국이었던 제나라의 풍부한 문물을 접하는 과정에서 노나라에는 없던 <소>를 체험하게 된 것이죠. 평소에 식재료와 요리 방법에 세심히 신경 쓰고, 식사에 집중하셨던 분이 삼 개월 동안 무슨 고기를 먹는 줄도 모를 정도였다니, 완전히 몰입, 무아의 지경에 빠지신 겁니다. 고대의 장중하고 우아한 음악에 심취하신 분이니 당연히 '정성' 같은 유행가는 탐탁하지 않으셨겠지요. 남녀상열지사(男女相悅之詞)로 가득한 노랫말도 불편하셨을 테고요. 지금도 클래식 애호가들 중에는 경박한 리듬, 가사가 난무하는 대중음악을 불편해하는 분들 계시잖아요.

하지만 여전히 의문은 남습니다. '정성'이 그렇게 문제라면 '시'를 300편으로 팍 줄여 정리할 때 왜 모조리 산거(刪去)하지 않았을까요? 『시경』의 핵심을 '사무사'(思無邪)라고도 하신 분인데, 왜 남기셨을까요? 제자들에게 열성적으로 시 교육론을 설파하셨는데, 그럼 「정풍」, 「위풍」까지 가르치신 이유는 뭘까요? 아들 공리(孔鯉)에게 시를 배워야 제대로 사회생활할 수 있다고 따끔하게 이르기도 하셨고요.

아주 심한 19금만 정리하셨나? 그렇다면 산거한 작품들의 내용은 어느 정도였을까? 이 문제는 『시경』 해석에서 가장 논란이 되는 지점이지요. 크게 풍자와 교화로 보는 두 입장이 대립하는데, 뒤의 '『시경』 해석의 역사'에서 다시 말씀드리겠습니다. 현재까지 의문은 산더미지만 구체적 정황은 알 수 없지요. 중요한 것은 「위풍」도 「정풍」도 남아 있어서 우리가 즐거운 마음으로 읽을 수 있다는 것이지요.

참고로 「정풍」에 관한 오나라 계찰(季札)의 코멘트를 소개하겠습니다. 네, 그렇습니다. '계찰괘검'(季札掛劍)의 고사로 유명한 그 계찰입니다. 계찰은 오왕 수몽(壽夢)의 막내아들로 합려(闔閭)의 작은아버지가 됩니다. 그가 기원전 544년(노 양공 29년)에 노나라를 예방하여 주나라 음악을 들려 달라고 청합니다. 「주남」, 「소남」부터 「소아」, 「대아」, 「송」에 이르기까지 쭉 듣고 코멘트를 남기는데요, 「패풍」, 「용풍」, 「위풍」과 「정풍」에 대한 말만 소개하겠습니다.

① 「패풍」, 「용풍」, 「위풍」을 연주하자 이렇게 말했다.

"아름답군요. 깊군요. 근심하지만 곤궁하지는 않군요. 내가 듣기에 위 강숙, 무공의 덕이 이와 같았다, 했으니, 이것은 위나라 노래이군요."

② 「정풍」을 연주하자 이렇게 말했다.

"아름답군요. 다만 지나치게 섬세하니, 백성들이 즐기기 어렵겠네요, 아마 정나라가 먼저 망할 것 같습니다."

爲之歌邶, 鄘, 衛, 曰 "美哉, 淵乎! 憂而不困者也.
위 지 가 패 용 위 왈   미 재 연 호 우 이 불 곤 자 야
吾聞衛康叔武公之德如是, 是其衛風乎."
오 문 위 강 숙 무 공 지 덕 여 시   시 기 위 풍 호
爲之歌鄭, 曰: "美哉! 其細已甚, 民弗堪也,
위 지 가 정 왈   미 재   기 세 이 심 민 불 감 야
是其先亡乎!"
시 기 선 망 호

계찰은 음악의 기능이 '화합'에 있는데, 「정풍」의 경우 음악의 수준이 너무 전문적이라고 말한 것입니다. 그러면 윗사람과 아랫사람들이 모두 즐길 수 없고, 국론이 분열되면 나라를 지키기 어렵겠지요. 정나라의 멸망을 예언한 것인데, 사실 당시에 정나라가 위태위태했지요. 그래도 정나라는 오랫동안 약소국의 설움을 견디다가 결국 전국시대, 한(韓)에 의해 멸망합니다(기원전 375). 오의 멸망(기원전 473)보다는 한참 뒤인지라 계찰의 예언에 대해 뭐라 할 말이 없군요. '오지라퍼'!

이렇게 「회풍」 4편, 「정풍」 21편을 묶어서 읽었습니다. 즐거운 시간 함께해 주셔서 고맙습니다. '음란하다고 들었는데…', 「정풍」의 강도가 약해서 내심 실망하신 분들도 계실 겁니다. 소문만큼 대단하지는 않지요. 하지만 이 정도면 연애 감정 표현이 노골적이라 할 수 있답니다. 다음 시간에는 「제풍」(齊風)을 읽겠습니다. 기대하셔도 좋습니다.

더 알아보기
『시경』 해석의 역사

더 알아보기 _『시경』 해석의 역사

사서오경(四書五經)과 같은 경전에 대한 주석, 해석의 차이를 꼼꼼히 밝히고 그 의미를 연구하는 것을 '경학'(經學)이라 합니다. 진한(秦漢) 이전부터의 학파, 학자에 따른 해석의 차이를 역사적으로 탐색하면 '경학사'(經學史)가 되는데 동양학의 출발점이기도 합니다. 청대의 고증학(考證學)이야말로 '경학'의 최고 수준이라 할 수 있지요.

『시경』의 경우 '시경학'이라 하는데, 한나라 때 모장(毛萇)의 『모시』(毛詩), 후한 정현의 『시보』(詩譜), 당나라 공영달의 『모시정의』(毛詩正義), 송나라 주자의 『시집전』(詩集傳)이 기본 텍스트인데요, 우리나라의 경우 다산 정약용 선생님의 『시경강의』(詩經講義)가 중요합니다.

고전 완독『시경 강의』시리즈의 교재는 주자의 『시집전』입니다. 매 작품마다 주자의 해석을 따라 읽고 있지요. 하지만 곳곳에서『모시』와「모시서」에 대해서도 언급하고 있는데요,『시경 강의』3권을 마무리하면서『모시』와『모시정의』에 대해 간략히 말씀드리고 가겠습니다. 아울러 이번 기회에『시경』에 대한 두 개의 유명한 서문 ──'모시대서'(毛詩大序)와「시집전서」(詩集傳序) ──도 읽어 보려 합니다. 이에 대해『시경 강의』1권에서 간략히 언급만 하고 지나간 것은 부득이했기 때문입니다. 현재 우리에게 많이 낯설어진『시경』을 딱딱한 '경학사'로 시작할 수는 없으니까요.

지금 우리가『시경』을 읽는다는 것은 '시'를 만나는 것이지요. 오로지 '시'에 집중해서 시에 담긴 불멸의 에너지가 수천 년의 시간을 건너뛰어 여러분에게 전달되기를 바랄 뿐입니다. 지금도 이 바람은 변함없습니다. '시경학'에 대한 이런저런 정보가 우리의 '시 사랑'에 걸림돌이 되어서는 안 되지요. 그래도 15개국 '국풍' 160수 중에서 절반이 넘는 시를 읽은 지금, '시경학'에 관한 이런저런 이야기를 해보겠습니다. 최대한 간략히.

'삼가시'(三家詩)의 전승

전한(前漢: 기원전 202~기원후 8) 초기부터 '시'에 대한 다양한 판본, 주석이 나왔습니다, 하지만 현재 전해진 '시'의 판본은 하나입니다. 바로 『모시』입니다. 그럼 『모시』 이전에 '시'에 대한 전승은 없었을까? 당연히 이런 궁금증이 생기지요. 있었습니다. '삼가시'(三家詩) ── '제시'(齊詩), '노시'(魯詩), '한시'(韓詩) ── 라고 하는데, 적어도 3개 학파의 전승에 대한 자료가 남아 있습니다. 『사기』 권121 「유림열전」(儒林列傳), 『한서』 권88 「유림전」(儒林傳)은 전한 시기에 문헌이 복구되고 정착되는 과정을 알 수 있는 자료입니다. 진시황의 분서(焚書: 기원전 213)로 대부분의 서책이 사라졌었지요. 그 이후 두 자료를 통해서 전한 시기 학술 수준과 지식인의 계보 ── 가승(家承)과 사승(師承) ── 를 알 수 있지요. 공자 이후 '시'의 계승, 전파에 대한 정보가 포함되어 있으니까요.

한비자는 『한비자』 「현학」(顯學)에서 공자의 사후 그 제자들이 8개의 학파로 분화되었다고 합니다. 사마천도 공자의 사후, 70여 명의 제자들이 사방으로 흩어져 제후들에게 유세하였고, 그중의 일부는 고위 관직에 올랐다고 합니다. 자장(子張)은 진(陳)나라에서, 자하(子夏)는 서하(西河: 하남성 일대)의 위

(魏)나라에서 자리 잡고 후학을 키웠습니다. 특히 자하의 제자인 전자방(田子方), 단간목(段干木) 등은 제후의 스승으로 명망이 높았지요. 우리가 『논어』에서 만났던 젊은 제자들이 대학자로 성장한 것입니다. 이런 제자들의 맹활약으로 공자의 '유가'가 계승, 발전한 것이고요.

이후 맹자, 순자로 이어지던 공자의 학맥은 진시황과 이사(李斯)가 주도한 분서로 일단 끊깁니다. '시', '서' 등 주요 텍스트들이 분서 목록에 들어 있었지요. 하지만 책이 없어졌다고 전국 곳곳에 있었던 지식인[士]의 공부가 멈췄을까요? 그럴 리가요. 숨죽이며 곳곳에서 외우고 몰래 가르쳤지요. 더 열심히. 우리에게도 '금서'(禁書)를 미친 듯이 찾아 읽던 때가 있었잖아요? 책 표지를 달력 종이로 덧싸고, 이불 속에서 읽었지요. 지금 생각하면 뭐, 그렇게까지 했나 싶지만, 그런 시절도 있었답니다. 금서 목록이 없어지니까 그런 열정도 말끔히 사라지고 말았지요.

기원전 136년 한 무제가 오경박사(五經博士)를 두면서 유가는 화려하게 부활합니다. 모든 학파가 지상으로 나오고 관료로 진출하게 된 것이지요. 이런 배경을 생각하면서 『시경』관련 자료들을 살펴보겠습니다.

지금의 황제[무제]께서 즉위하실 무렵, 조관과 왕장의 무리는
유학에 정통하였고, 또 황제 역시 유학에 뜻을 두었다. 이에
방정, 현량, 문학으로 뛰어난 유자들을 초빙하였다. 이로부터
『시』를 논하는 사람으로는 노나라의 신배공, 제나라의 원고
생, 연나라의 한태부가 있었다. 『사기』「유림열전」

及今上即位, 趙綰, 王臧之屬明儒學,
급 금 상 즉 위   조 관   왕 장 지 속 명 유 학
而上亦鄉之, 於是招方正賢良文學之士. 自是之後,
이 상 역 향 지   어 시 초 방 정 현 량 문 학 지 사   자 시 지 후
言詩於魯則申培公, 於齊則轅固生, 於燕則韓太傅.
언 시 어 노 즉 신 배 공   어 제 즉 원 고 생   어 연 즉 한 태 부

여기에서 '삼가시'의 존재를 확인할 수 있습니다. 신배공이
전승한 것을 '노시'(魯詩), 원고생이 전승한 것을 '제시'(齊詩),
연나라 한태부가 전승한 것을 '한시'(韓詩)라고 했으니까요. 한
무제가 학자들을 초빙할 때에 그 어떤 텍스트보다 '시' 전공자
가 많았습니다. 무려 세 계열의 학파가 진출했고, 이후 학파별
로 많은 학자들을 배출했으니까요. 그러니까 한 무제 이후 관
료가 되기 위해서는 '시' 공부가 전공필수였던 겁니다. 지금 우
리야 편하게 즐기면서 읽다가 지루하면 망설임 없이 팍 덮고
말지만요. 그래도 좋지요.

노시(魯詩)

'삼가'에 대한 자료를 조금 더 읽어 볼까요?

> 신공은 노나라 사람이다. 한 고조가 노나라를 지날 때 신공
> 은 제자로 스승을 따라 노나라의 남궁에서 고조를 알현하였
> 다. … 제자 중에 먼 지방에서 찾아와 학업을 받는 자가 백여
> 명이 넘었다. 신공은 다만 『시』를 기본으로 하여 뜻을 가르칠
> 뿐, 해석한 전을 짓지 않았고, 의심스러운 시는 빼 버리고 전
> 하지 않았다. 『사기』 「유림열전」

> 申公者, 魯人也.
> 신 공 자　노 인 야
> 高祖過魯, 申公以弟子從師入見高祖于魯南宮. …
> 고 조 과 로　신 공 이 제 자 종 사 입 현 고 조 우 로 남 궁
> 弟子自遠方至受業者百餘人. 申公獨以詩經爲訓以教,
> 제 자 자 원 방 지 수 업 자 백 여 인　신 공 독 이 시 경 위 훈 이 교
> 無傳, 疑者則闕不傳.
> 무 전　의 자 즉 궐 부 전

신배공은 젊은 날 스승 부구백(浮丘伯)과 함께 고조 유방을
알현한 적이 있습니다. 부구백은 순자의 제자로 알려져 있는
인물입니다. 신배공은 젊은 날 벼슬길이 여의치 않게 되자 문
밖 출입을 삼가고 제자들만 가르쳤습니다. 그런데 뜻풀이를 주
로 하고 주석서를 짓지는 않았군요. 시의 맥락이 통하지 않거
나 내용에 문제가 있다고 판단한 작품도 가르치지 않았다고 하

니 자체 검열을 하신 겁니다. 이분이야말로 공자의 '사무사'(思無邪) 정신을 원칙으로 삼으셨군요.

신배공은 여든이 넘은 나이에 제자들의 추천으로 한 무제를 만납니다(기원전 139). 무제는 엄청난 비단과 옥벽, 편안한 수레 등, 최대의 예우를 갖춰 신배공을 초빙하지요. 그때 신배공은 "옳은 정치는 말을 많이 하는 데 있지 않고 다만 어떻게 힘써 실행하느냐에 달려 있다"[爲治者不在多言, 顧力行何如耳]라고 한마디 했다고 합니다. 물론 젊고 야심만만했던 한 무제는 침묵했지요, 원하던 말이 아니었으니까요.

신배공의 제자들은 엄청 출세해서 10여 명이 박사가 되고 높은 관직에 오른 사람이 100여 명이 되었다고 합니다. 대학자 공안국도 신배공의 제자입니다. 신배공에게 '노시'를 배운 지식인들이 한 시대를 풍미한 것이지요.

『한서』「유림전」에 의하면 신배공의 사후에도 '노시'의 전승은 활발했습니다. 그중에서도 추현(鄒縣) 출신 위현(韋賢)과 위현성(韋玄成) 부자는 모두 승상이 되었는데 '노시'의 유파로 '위씨학'(韋氏學)이 형성, 계승되었다고 하네요. 『한서』 권73 「위현전」에 추현의 속언이 있습니다. '자식에게 황금을 광주리 가득 물려주는 것이 경전 한 권을 가르치는 것만 못하다'[鄒魯諺曰 : "遺子黃金滿籝, 不如一經"]. 흠, '시'가 이렇게 힘이 세던

시대가 있었군요.

제시(齊詩)

청하왕(한 경제의 13번째 아들 애왕 유승)의 태부 원고생은 제나라 사람이다. '시'에 정통해서 경제 때 박사가 되었다. … 무제는 즉위 초기에 원고생을 다시 현량으로 초빙했다. 그때 아부를 일삼던 유생들은 원고생을 미워하여 그를 헐뜯어 말했다. "원고생은 늙었습니다." 무제는 그를 돌려보냈다. 그때 원고생은 이미 아흔이 넘었다.

원고생을 초빙할 때, 설 출신의 공손홍도 초빙되었는데, 그는 원고생을 두려운 눈빛으로 대하였다.

이에 원고생이 말했다. "공손자여, 정학에 힘쓰며 정견을 펴야지, 곡학으로 세상에 아부하지 마시오!"

이후부터 제나라에서 '시'를 논하는 사람들은 모두 원고생에 근거하였다. 제나라 사람으로서 '시'로 출세한 자들은 모두 원고생의 제자들이었다. 『사기』 「유림열전」

清河王太傅轅固生者, 齊人也. 以治詩, 孝景時爲博士.
청 하 왕 태 부 원 고 생 자 　제 인 야 　이 치 시 　효 경 시 위 박 사
… 今上初即位, 復以賢良徵固. 諸諛儒多疾毀固: 日
　금 상 초 즉 위 　부 이 현 량 징 고 　제 유 유 다 질 훼 고 　왈
"固老", 罷歸之. 時固已九十餘矣.
　고 로 　파 귀 지 　시 고 이 구 십 여 의

固之徵也, 薛人公孫弘亦徵, 側目而視固.
고 지 징 야　설 인 공 손 홍 역 징　측 목 이 시 고
固曰: "公孫子, 務正學以言, 無曲學以阿世!"
고 왈　　공 손 자 무 정 학 이 언　무 곡 학 이 아 세
自是之後, 齊言詩皆本轅固生也. 諸齊人以詩顯貴,
자 시 지 후　제 언 시 개 본 원 고 생 야　제 제 인 이 시 현 귀
皆固之弟子也.
개 고 지 제 자 야

전한 때에 제나라 일대에서는 원고생이 전수한 '제시'의 권위가 압도적이었군요. 하지만 원고생이 '시'에 관한 주석을 남겼는지, 그가 어떤 기준으로 '시'를 교육했는지에 대한 정보는 없습니다. 그 대신 그가 '곡학아세'(曲學阿世)하는 부패한 지식인을 비판하는 강직한 인물이었다는 것을 알 수 있지요. 그가 일침을 놓은 공손홍은 나중에 승상까지 됩니다.

원고생은 강인한 정신의 소유자로 경제의 어머니이자 당대 권력자였던 두태후 앞에서도 소신을 굽히지 않았습니다. 유명한 일화가 있는데요, 『노자』를 좋아했던 두태후가 『노자』의 문장에 대해 묻자, "그것은 보통 사람의 말"[此家人言耳]이라고 했답니다. 노발대발한 두태후는 원고생을 돼지우리에 들여보냅니다. 돼지 밥이 되라고. 원고생을 아낀 경제가 예리한 칼 한 자루를 준 덕분에 돼지의 심장을 찌르고 살아날 수 있었다고 합니다. 청렴, 정직, 직언으로 원고생은 당대 지식인의 사표가 되었지요. 그의 시 해석이 궁금합니다. 원고생의 성격이라면

정치비판, 풍자의 관점이 강하지 않았을까, 조심스럽게 짐작해 봅니다. 예상 외로 강직한 인물이 시에 대해서만은 감성이 철철 넘치는 경우도 있으니까요.

『한서』 「유림전」에 의하면 원고생의 '제시'도 이후 승승장구합니다. 박사, 장군, 승상에 오른 사람들이 이어져서 '제시'가 다시 네 학파로 나뉘어 번성했다고 합니다.

한시(韓詩)

한생은 연나라 사람이다. 그는 문제 때 박사가 되었고, 경제 때 상산왕(경제의 14번째 아들 유순)의 태부가 되었다. 한생은 '시'의 뜻을 부연하여 『내전』, 『외전』 수만 자를 지었는데, 그 견해가 제시, 노시와 차이가 있었으나 결국 그 귀결점은 같았다.

회남의 비생이 이를 전수하였다. 이후로 연나라와 조나라에서 '시'를 논하는 사람은 한생의 해석을 따랐다. 한생의 손자인 한상은 무제 때 박사가 되었다. 『사기』 「유림열전」

韓生者, 燕人也. 孝文帝時爲博士,
한 생 자   연 인 야   효 문 제 시 위 박 사

景帝時爲常山王太傅.
경 제 시 위 상 산 왕 태 부

韓生推詩之意而爲內外傳數萬言, 其語頗與齊魯間殊,
한 생 추 시 지 의 이 위 내 외 전 수 만 언   기 어 파 여 제 로 간 수

然其歸一也.
연기귀일야
淮南賁生受之. 自是之後, 而燕趙間言詩者由韓生.
회남비생수지 자시지후 이연조간언시자유한생
韓生孫商爲今上博士.
한생손상위금상박사

마지막으로 '한시'를 전수한 '한영'(韓嬰)입니다. 무엇보다 '삼가시'가 문제(재위 기원전 179~157)부터 무제(재위 기원전 140~87)에 이르는 고대 문헌의 복원, 정착 과정에서 거의 동시에 등장했다는 것을 알 수 있군요. 신배공, 원고생, 한영, 세 사람 모두 박사가 되었으니 국가의 예우도 차이가 없었지요. 하나로 특정하지 않고 지역별, 학파별 차이를 인정한 것입니다. 이들이 가르친 시가 총 몇 편인지, 어떤 입장이었는지 구체적으로 알 수 없어서 아쉽습니다.

'노시', '제시'라고 했는데, 연나라 사람인 한영의 전승만 연시(燕詩)라고 하지 않고 '한시'라고 하는 이유는 뭘까요? 연나라, 조나라 지역에서 널리 전승되었는데, 왜일까요? 알려진 바가 없습니다. 현재 15개 국풍에도 '연풍'은 없지요. 처음에 가학(家學)으로 후손들에게 전승되면서 '한씨 집안의 시'라는 뜻의 '한시'(韓詩)라고 불렀을 가능성이 있지요. 후손이라면 당연히 우리 선조 '한영'의 시라고 했을 테니까요. 자랑스럽게. '노시', '제시'와는 달리 '한영'이 자신의 입장을 반영한 주석서와 관련

서적을 썼기 때문이 아닐까, 하는 짐작도 가능합니다.

신배공, 원고생과 달리 한영은 '시'에 대한 수만 자에 이르는 방대한 책을 남겼습니다. 그것도 내전, 외전으로 구분해서. 『한서』「예문지」에 의하면 '한내전'(韓內傳) 4권, '한외전'(韓外傳) 6권이 있다고 했는데, 현재 『한시내전』(한내전)은 전하지 않습니다. 너무도 안타깝지요. 하지만 『한시외전』(한외전)은 남아 있습니다. 300여 개의 다양한 일화를 소개하고 '시'를 인용하고 있습니다. 우리나라에서는 고려시대부터 널리 읽혔고, 정조와 정약용 선생이 『시경』에 관해 문답할 때도 『한시외전』을 인용합니다.

한영의 책을 모두 읽은 사마천은 '한영의 견해가 제시, 노시와 많이 달랐지만 그 귀결점은 같았다'고 합니다. 삼가의 해석은 각각 고유한 특색이 있었던 것이지요. 그런데 '귀결점'이 같았다는 것은 무슨 말일까요? 공자가 『논어』에서 언급한 시 독법을 강령으로 삼은 것을 말하는 것이겠지요. '흥어시', '사무사', '낙이불음', '애이불상' 등등.(『시경 강의』 1, 27~47쪽 참조)

『한서』「유림전」에 의하면 한영은 동중서(董仲舒)와 어전에서 논쟁을 하였는데, 사람됨이 정확하고 예리하였으며 처사가 분명하여 동중서가 쉽게 꺾지 못했다[武帝時, 嬰嘗與董仲舒論於上前, 其人精悍, 處事分明, 仲舒不能難也]고 합니다. '시'뿐만 아니라『역』에도 일가를 이뤄 해설서를 썼다고 하니, 대학자였지요. 그의 '한시'도 세 개의 학파가 발전했는데, 문도들이 성대했고 고관에 올랐습니다. 일단 '시'를 공부하면 출세하던 시대였습니다.

『모시』의 등장

『모시』에 대한 자료는『한서』「유림전」에 있습니다.

> 모공은 조나라 사람이다. '시'를 전공하여 하간헌왕의 박사가 되었고 같은 나라의 관장경에게 전수하였다. 관장경은 해연년에게 전수하였다. 해연년은 아무 현령이 되었는데 서오에게 전수하였다. 서오는 구강군의 진협에게 전수하였고 진협은 왕망의 강학대부가 되었다. 이후로『모시』를 논하는 자는 서오에 뿌리를 두고 있다.『한서』「유림전」

毛公, 趙人也. 治詩, 爲河間獻王博士, 授同國貫長卿.
모공 조인야 치시 위하간헌왕박사 수동국관장경
長卿授解延年. 延年爲阿武令, 授徐敖. 敖授九江陳俠,
장경수해연년 연년위아무령 수서오 오수구강진협
爲王莽講學大夫. 由是言毛詩者, 本之徐敖.
위왕망강학대부 유시언모시자 본지서오

자료가 너무 소략하군요. 심지어 이름도 나오지 않습니다. 우회하여 알아볼까요? 우선 하간헌왕이 궁금하군요. 그는 경제의 아들로 무제의 이복형이기도 합니다.

하간국 헌왕 유덕은 경제 전원 2년(기원전 155)에 책봉되었다. 그는 학문을 닦고 옛것을 좋아하였는데, 실제적인 일을 추구하였다. 민간에서 좋은 책을 얻으면 반드시 잘 필사한 것을 주고 대신 그 진본을 소장했는데, 금이나 비단을 주면서 학자들을 초빙했다. 이 때문에 사방에서 학문을 하는 사람들이 천리를 마다하지 않고 찾아왔다. 혹 조상의 오래된 책이 있으면 많은 사람들이 헌왕에게 바쳤으니 소장한 책이 많게 되어 한나라 조정과 비슷할 정도였다. […]

헌왕이 얻은 책들은 모두 고문으로 된 선진 시기의 옛 책으로 『주관』, 『상서』, 『예』, 『예기』, 『맹자』, 『노자』 같은 경전과 그에 관한 해설서, 공자의 70 제자가 논한 것이었다. 그 학문은 거의 '육예'에 대한 것으로 『모씨시』와 『좌씨춘추』에 박사를 두었다. 그는 예악을 연마하고 유학자의 옷을 입었으며 다급한 순간일지라도 유가의 법도를 지켰다. 산동의 여러 유생들이 그를 따라 많이 모였다.

무제 때에 헌왕이 조회 와서 아악을 헌정하였고, 삼옹관과 조서를 내려 물은 30여 개의 나랏일에 대하여 답변을 올렸다.

그가 올린 대책은 학술에 근본한 것이었는데, 국사에 적중한

것이었고, 문장은 요약되고 뜻은 명확했다. 그는 책봉된 지 26

년 만에 죽었다. 『한서』 권53 「경십삼왕전」(景十三王傳)

河間獻王德以孝景前二年立, 修學好古, 實事求是.
하 간 헌 왕 덕 이 효 경 전 이 년 립　수 학 호 고　실 사 구 시

從民得善書, 必爲好寫與之, 留其眞, 加金帛賜以招之.
종 민 득 선 서　필 위 호 사 여 지　유 기 진　가 금 백 사 이 초 지

繇是四方道術之人不遠千里, 或有先祖舊書,
유 시 사 방 도 술 지 인 불 원 천 리　혹 유 선 조 구 서

多奉以奏獻王者, 故得書多, 與漢朝等. […]
다 봉 이 주 헌 왕 자　고 득 서 다　여 한 조 등

獻王所得書皆古文先秦舊書, 周官, 尚書, 禮,
헌 왕 소 득 서 개 고 문 선 진 구 서　주 관　상 서　예

禮記, 孟子, 老子之屬, 皆經傳說記, 七十子之徒所論.
예 기　맹 자　노 자 지 속　개 경 전 설 기　칠 십 자 지 도 소 론

其學擧六藝, 立毛氏詩, 左氏春秋博士. 修禮樂,
기 학 거 육 예　입 모 씨 시　좌 씨 춘 추 박 사　수 예 악

被服儒術, 造次必於儒者. 山東諸儒者從而游.
피 복 유 술　조 차 필 어 유 자　산 동 제 유 자 종 이 유

武帝時, 獻王來朝, 獻雅樂,
무 제 시　헌 왕 래 조　헌 아 악

對三雍宮及詔策所問三十餘事. 其對推道術而言,
대 삼 옹 궁 급 조 책 소 문 삼 십 여 사　기 대 추 도 술 이 언

得事之中, 文約指明. 立二十六年薨.
득 사 지 중　문 약 지 명　입 이 십 육 년 홍

하간왕은 호학의 제후였군요. 민간의 책들을 수집하여 그

양이 황실과 대등할 정도였다니. 당연히 집안에 전해지던 고서

들을 가지고 찾아오는 사람들도 많았겠지요. 그중에 모공이 있

었습니다. 『모씨시』와 『좌씨춘추』를 박사로 세웠다고 하니, 모

공이 하북성 남쪽에 있던 하간국에서 박사가 된 것이구요.

이렇게 하간왕이 수집한 고서들을 '고문'(古文) 경전이라고 합니다. 문제와 경제 때에 학자들을 초빙하여 복원한 것들은 '금문'(今文) 경전이구요. 여기서 '고문'과 '금문'의 구별은 단순합니다. 당대의 문자로 복원된 것은 '금문', 진시황의 문자 통일 이전의 글자로 된 문헌은 '고문'이라고 했으니까요. 아무래도 읽을 수 있는 사람이 드물었겠지요.

이렇게 정리하겠습니다. '삼가'의 시는 금문, '모시'는 고문. 반고가 「유림열전」에 붙인 '찬'(贊)에 의하면 『모시』는 평제(재위 기원전 1~기원후 6) 때에 『좌씨춘추』, 고문 『상서』와 함께 학관에 세워집니다. 무제의 오경박사(기원전 136)에 비하면 한참 늦었지만 '삼가' 시와 나란히 국가의 인정을 받게 된 것이지요.

『모시』는 후한 때에 크게 발전합니다. 가규(賈逵: 30~101), 마융(馬融: 79~166), 정현 등 대학자들이 연구하고 해설서를 집필하였으니까요. 그리고 위진(魏晉) 시대를 거치면서 삼가의 시는 사라지고 『모시』만 전승됩니다.

그럼 모형(毛亨), 모장(毛長·毛萇)과 같은 『모시』와 관련된 인물에 대한 기록은 어디에? 네, 모장은 범엽(398~445)의 『후한서』「유림열전」에 나옵니다. "조나라 사람 모장이 시를 전하니 이것을 모시라고 한다"[趙人毛長, 傳詩, 是謂毛詩]고요. 그런데 그 이전에 정현의 『시보』(詩譜)에는 "노나라 사람 대모공이 집에서 '훈고전'을 지었는데, 하간헌왕이 얻어서 그것을 천자에게 바치고 소모공을 박사로 삼았다"[魯人大毛公, 爲訓詁傳於其家, 河間獻王得而獻之, 以小毛公爲博士]는 기록이 있습니다. 아휴! 복잡해졌군요. '대모공', '소모공'이 나왔으니까요. 정현에 의하면 하간헌왕이 박사를 삼은 사람은 '소모공'인 '모장'입니다. 그럼 '모형'은 누굴까요?

현재 '모형'에 대한 최초의 언급은 육기(陸機: 261~303)의 『모시초목조수충어소』(毛詩草木鳥獸蟲魚疏)에 나옵니다. 제목에서 짐작하셨겠지만 『시경』에 나오는 동식물에 대한 참고서이지요.

공자가 시를 정리하고 자하[卜商]에게 전수했다. 자하가 '서'를 지어 노나라 사람 증신에게 전했고 증신은 위나라 사람 이극에게 전했다. 이극이 노나라 사람 맹중자에게 전했다. 맹중자는 근모자에게 전했고, 그는 조나라 사람 순경에게 전했다. 순경이 노나라 모형에게 전수했고 모형이 『훈고전』을 지어서 조나라 사람 모장에게 전수하였다.

당시 사람들이 모형을 대모공이라 하였고, 모장을 소모공이라 하였다.

孔子刪詩授卜商, 商爲之序, 以授魯人曾申,
공자산시수복상　상위지서　이수노인증신

申授魏人李克, 克授魯人孟仲子, 仲子授根牟子,
신수위인이극　극수노인맹중자　중자수근모자

根牟子授趙人荀卿, 荀卿授魯國毛亨, 毛亨作訓詁傳,
근모자수조인순경　순경수노국모형　모형작훈고전

以授趙國毛萇.
이수조국모장

時人謂亨爲大毛公, 萇爲小毛公.
시인위형위대모공　장위소모공

무엇보다 육기가 강조한 것은 공자 이후 '시'의 전승 과정입니다. 공자님이 '시삼백'을 문학에 뛰어났던 44세 연하의 자하에게 전수하셨고, 그 이후 끊이지 않고 이어졌다고 하네요. 바로 '시'의 정통 학맥이지요. 이렇게 보면 『모시』는 명실상부한 '노시'가 됩니다. '노시'의 전승자 신배공은 잠시 잊어 주십시오. '시'의 전승은 증자의 아들 증신을 거쳐 조나라 사람 순경(순자)에게 갔다가 다시 노나라 모형에게 되돌아옵니다. 그리고 다시 조나라 사람 모장에게 갔고, 하간헌왕이 그를 박사로 삼았지요. 결과적으로 '대모공'은 모형, '소모공'은 모장이 됩니다. 『시』에 주석을 붙인 사람은 당연히 노나라 학자 모형이구요. 이후 모형의 『모시』가 됩니다. 모장은 전승자가 되구요.

마지막으로 반고의 『한서』 「예문지」, '육예략'에 있는 '시' 관련 기록을 간략히 살펴볼까요. 「예문지」는 동양의 서지목록학 자료입니다. 귀중하지요. 유흠(劉歆)의 『칠략』(七略)을 정리해서 실었다고 전해지지요. 유흠은 아버지 유향(劉向)이 궁의 도서관장을 하면서 만든 목록인 『별록』(別錄)을 정리한 것이고요.

「예문지」에는 '『시경』 28권―노·제·한 삼가'(詩經二十八卷 魯·齊·韓 三家), '『모시』 29권'(毛詩二十九卷), '『모시고훈전』 30권'(毛詩故訓傳三十卷)…. 이런 식으로 '시'에 관한 14종류의 서책 목록이 정리되어 있습니다. 지금은 모형의 『모시고훈전』, 즉 『모시』만 남아 있지요.

「예문지」의 목록 뒤에 붙어 있는 글을 볼까요? 좀 깁니다.

『서』「순전」(舜典)에서 말하였다.

'시는 뜻을 말하고 노래는 말을 길게 한 것이다.' 그러므로 슬픔과 기쁨이 마음에 느껴져 노랫소리로 발해지는 것이다. 그 말을 읊조리는 것을 시라고 하고 그 소리를 길게 내는 것을 노래라고 한다.

그러므로 옛날에는 시를 채집하는 관리를 두어 왕이 풍속을 살피고 정치의 득실을 알아서 스스로 바로잡을 수 있었다.

공자가 오로지 '주시'(周詩)를 취해서 위로는 은나라의 노래부터 아래로 노나라의 노래까지 취했으니 모두 305편이다.

진의 분서를 만나고도 '시'가 온전할 수 있었던 이유는 시를 읊조리고 외워서 죽백에만 의지하지 않았기 때문이다. 한나라가 일어나자 노의 신공이 '시'의 훈고를 만들었다. 제의 원고생과 연의 한생이 모두 '전'을 지었는데, 혹『춘추』에서 취하였고, 혹 잡설에서 취했으니 모두 시의 본래 뜻이 아니고 공자의 의도도 얻지 못했다. 오직 '노시'만이 본래 뜻에 가깝다. '삼가'는 모두 학관의 과목이 되었다.

그리고 모공의 시경학이 있었으니 스스로 자하에게 전수받았다고 했고 하간헌왕이 좋아했다. 아직 학관에 세워지지는 못했다.

書曰: "詩言志, 哥詠言." 故哀樂之心感,
서왈 시언지 가영언 고애락지심감

而歌詠之聲發. 誦其言謂之詩, 詠其聲謂之歌.
이가영지성발 송기언위지시 영기성위지가

故古有采詩之官, 王者所以觀風俗, 知得失, 自考正也.
고고유채시지관 왕자소이관풍속 지득실 자고정야

孔子純取周詩, 上采殷, 下取魯, 凡三百五篇.
공자순취주시 상채은 하취노 범삼백오편

遭秦而全者, 以其諷誦, 不獨在竹帛故也.
조진이전자 이기풍송 부독재죽백고야

漢興, 魯申公爲詩訓故, 而齊轅固, 燕韓生皆爲之傳.
한흥 노신공위시훈고 이제원고 연한생개위지전

或取春秋, 采雜說, 咸非其本義. 與不得已.
혹취춘추 채잡설 감비기본의 여부득이

魯最爲近之. 三家皆列於學官.
노최위근지 삼가개렬어학관

又有毛公之學, 自謂子夏所傳, 而河間獻王好之,
우유모공지학 자위자하소전 이하간헌왕호지

未得立.
미득립

사마천의 「유림열전」과 다른 내용도 보입니다. 후대로 내려오면서 이런저런 정보들이 착종, 추가된 것이지요. 하지만 '시'가 '분서'를 이기고 온전히 살아남은 이유를 분명히 밝혔군요. 역시, 시 전승의 위대한 힘은 '풍송'(諷誦)입니다. 많은 사람들이 노래하고 읊조리며 즐기는 것입니다.

당나라 공영달이 모형의 '전'(傳)과 정현의 '전'(箋)에 자신의 '소'(疏)를 붙여서 『모시정의』를 편찬하면서, 일단 '시' 공부의 교과서가 만들어졌습니다. 현재 『모시』 전체의 최초 주석자는 모형으로 알려져 있지요. 이후 주자의 『시집전』이 나오면서 교과서가 교체되었지요. 특히 16세기 이후 조선에서 『시집전』의 권위는 확고했답니다.

『모시정의』 '소서'

현재 『모시정의』에서 작품마다 붙어 있는 '서'(序)를 '소서'(小序)라고 합니다. 제가 『시경 강의』에서 각 시를 소개하면서 주자와 다른 입장을 언급할 때 인용하는 「모시서」는 바로 '소서'를 말합니다. 그럼 누가 이렇게 모든 작품에 코멘트를 달았을까요? 궁금하지요. 주자의 『시집전』 이전까지는 '소서'에 따라 시의 내용을 파악했답니다. '이서독시'(以序讀詩)! '서로 시를 읽는다', '소서'의 코멘트가 시 독법의 가이드 라인이 된 것이지요. 이에 대한 반발로 나온 것이 주자의 '이시독시'(以詩讀詩)입니다. '시로 시를 읽자'는 건데, 시의 내용에 충실하자는 겁니다. '소서'는 『시경』의 모든 시들을 당대의 정치적 상황의 반영, 풍자로 보았는데요, 『논어』「양화」에 나오는 시의 네 기능 ── '흥관군원'(興觀群怨) ── 중에서 '관'과 '원'에 치우친 것이지요(『시경 강의』 1, 30~33쪽).

그럼 '소서'를 누가 썼을까요? 육기는 공자의 제자 자하(子夏)라고 했지요. 공자에게 '시'를 전수받았으니까요? 이렇게 되면 '시'의 최초의 주석가는 자하가 됩니다. 하지만 이것은 후대에 나온 의견이고 반론이 만만치 않습니다. 정현은 자하와 모공이 썼다고 하고, 『후한서』「유림전」에서는 위굉(衛宏)이라는 학자를 거론했으니까요. 송대에 이르러 자하설을 의심하는 분위기가 강해졌는데, 심지어 일부 학자들은 '무지한 자들이 제멋대로 썼다'면서 '소서'를 강하게 비판하기도 했답니다. 하지만 이건 좀 심한 것 같구요. 모형이 전을 쓴 이후 여러 시대에 걸쳐 여러 학자들이 정리한 것으로 보는 것이 무난하겠지요. 공자에게 '시'를 전수받았다는 자하부터 위굉에 이르기까지 여러 학자들의 공력이 들어 있습니다.

현재『모시정의』는 '작품 이름 → 서(序) → 소서에 대한 전(箋)과 '소서'와 '전'에 대한 소(疏) → 시 2구 → 전(傳)과 전(箋) → 다음 시 2구 → 전과 전 → 시 1장에 대한 소(疏)', 이런 순서로 편집되어 있습니다. 복잡하지요. 익숙하게 편하게 읽기까지는 시간이 좀 걸립니다.『모시정의』중에서 특히 공영달의 '소'(疏)는 모공의 전(傳)과 정현의 전(箋)을 다시 풀었기 때문에 분량이 방대합니다. 저의 경험입니다만,『모시정의』에서 내가 지금 무엇을 읽고 있나, 하면서 길을 잃고 멍해지는 지점은 대부분 '소'로 들어갔을 때 일어나는 현상이더군요. 여기서는 「회풍」의 첫번째 작품 〈고구〉에 붙은 '소서'를 예로 들어 보겠습니다.

〈고구〉는 대부가 도리로 그 군주를 떠난 것을 읊은 것이다. 나라가 작고 큰 나라의 핍박이 있는데도 군주가 올바른 도를 행하지 않고 의복을 깨끗이 차려입고 잔치하고 노는 것을 좋아하여 스스로 정치에 힘쓸 수가 없었다. 그러므로 이 시를 지은 것이다.

羔裘, 大夫以道去其君也. 國小而迫, 君不用道,
고구 대부이도거기군야 국소이박 군불용도
好潔其衣服, 逍遙遊燕而不能自强於政治. 故作是詩也.
호결기의복 소요유연이불능자강어정치 고작시시야

이다음에 '소서'에 대한 정현의 '전'과 공영달의 '소'가 이어집니다. 그다음에 시 두 구에 대한 '전'(傳), '전'(箋), 그다음 두 구에 대한 '전'(傳), '전'(箋)이 나온 다음에 시 1장 4구에 대한 '소'(疏)가 있습니다. 말씀드렸듯이 이 '소'의 분량이 상당합니다. '전'(傳)과 '전'(箋)의 구절들을 모두 설명하니 장황합니다. 당연히 『모시정의』 완독에는 『시집전』보다 적어도 네다섯 배의 시간과 공력이 필요하지요.

'모시대서'

이제 '소서'는 알겠는데, '대서'라니요? 네, 별도의 글이 있는 것은 아닙니다. 「주남」의 첫번째 시인 〈관저〉에 붙어 있는 긴 서문 중 일부분을 '대서'(大序)라고 부르는 것이지요. '대서'를 모장(毛萇)의 글로 추정하는 분들도 계신데요, '공자, 자하의 글'이라고도 하고요. 결국, 누구의 글인지는 알 수 없습니다. 하지만 동양예술론──특히 시와 음악론──에 대한 귀중한 자료랍니다. 앞뒤로 〈관저〉에만 해당하는 글은 별도로 '소서'라고 하고요.

글이 상당히 길고 복잡하기 때문에, 내용을 나누고 번호를 붙여 가며 읽어 보겠습니다. 일단 호흡을 가다듬어 주십시오.

①-1 〈관저〉는 후비의 덕을 말한 것이다.

①-2 '국풍'의 시작이니 천하를 교화하여 부부의 도를 바르게
한 것이다. 그리하여 이 시를 마을 사람들에게 사용하고 나라
에서도 사용하였다.

①-3 '풍'은 바람을 일으키는 것이고, 가르치는 것이니, 바람
을 일으켜 움직이게 하고 가르쳐 변화하게 하는 것이다.

關雎, 后妃之德也.
관저　후비지덕야
風之始也, 所以風天下而正夫婦也. 故用之鄕人焉,
풍지시야　소이풍천하이정부부야　고용지향인언
用之邦國焉.
용지방국언
風, 風也, 敎也, 風以動之, 敎以化之.
풍　풍야　교야　풍이동지　교이화지

①은 〈관저〉의 '소서'라고 할 수 있습니다. 〈관저〉는 후비의
덕을 말한 것이군요. '후비'는 천자의 비이지요. 「주남」과 「소
남」을 문왕의 교화가 실현된 작품으로 보니, 여기서 후비는 문
왕의 비, 태사(太姒)이겠군요. 그럼, 왜 '국풍'을 〈관저〉로 시작
하는가? 천하 정치, 교화의 출발에 부부가 있다고 합니다. 남녀
가 음과 양의 결합인 결혼생활을 원만하게 유지해야 부자, 군
신 관계도 원만하다고 봅니다. 붕우, 장유의 사회관계도 그렇

고요. '수신제가치국평천하'(修身齊家治國平天下)의 『시경』 버전이지요. 이 이치는 천자부터 서민에 이르기까지 모두 해당됩니다. 그래서 〈관저〉를 마을에서 연주하여 부르고, 조정에서도 부른 것이지요. 너무도 당연한 이야기가 낯설게 느껴지는 시대에 살고 있지만요.

특히 ①-3의 '풍'(風)에 대한 해석은 유명합니다. 『시경』의 '풍'이 무엇인가라고 물으면 '풍'은 민간가요라고 대답하지요. 바람처럼 이곳저곳으로 막힘없이 흘러 전해지는 노래. 남녀노소 누구나 부르는 노래. 그러는 중에 뭔가 마음에 동요가 일고, 변화를 불러오는 노래, 네 '풍'입니다. 여기서는 '교화'(敎化)라는 정치 용어를 썼지만요.

이제 '대서'에 해당하는 ②, ③을 찬찬히 살펴볼까요?

②-1 시는 뜻이 향하는 것이니, 마음에 있으면 뜻이 되고 말로 표현하면 시가 된다.

②-2 감정이 마음속에서 움직이면 말이 되는데, 말로는 부족하기 때문에 감탄하고 탄식하며, 감탄하고 탄식하는 것으로 부족하기 때문에 길게 노래한다. 길게 노래하는 것으로 부족하기 때문에 자신도 모르게 손으로 춤추고 발을 구르게 된다.

②-3 감정은 '소리'로 표현되며 소리는 문양(구조)을 이룬다.

이것을 '음'이라 한다.

②-4 치세의 음은 편안하고 즐거우니 정치가 조화로운 것이다. 난세의 음은 원망하고 분노하니 그 정사가 괴리되어 있는 것이다. 망해 가는 나라의 음은 애절하고 치세를 그리워한다. 그 백성이 곤궁한 것이다.

②-5 그러므로 정치의 잘잘못을 바로잡고 천지를 움직이며 귀신을 감동시키는 것에는 시보다 더 나은 것이 없다.

②-6 선왕은 시를 이용하여 부부 사이를 떳떳하게 하고 효도와 공경을 이루며, 인륜을 도탑게 하고 교화를 아름답게 하여 풍속을 개선하였다.

詩者, 志之所之也, 在心爲志, 發言爲詩.
시 자 지 지 지 소 지 야 재 심 위 지 발 언 위 시

情動於中而形於言, 言之不足, 故嗟歎之. 嗟歎之不足,
정 동 어 중 이 형 어 언 언 지 부 족 고 차 탄 지 차 탄 지 부 족

故永歌之. 永歌之不足, 不知手之舞之足之蹈之也.
고 영 가 지 영 가 지 부 족 부 지 수 지 무 지 족 지 도 지 야

情發於聲, 聲成文, 謂之音. 治世之音, 安以樂, 其政和.
정 발 어 성 성 성 문 위 지 음 치 세 지 음 안 이 락 기 정 화

亂世之音, 怨以怒, 其政乖. 亡國之音, 哀以思, 其民困.
난 세 지 음 원 이 노 기 정 괴 망 국 지 음 애 이 사 기 민 곤

故正得失, 動天地, 感鬼神, 莫近於詩.
고 정 득 실 동 천 지 감 귀 신 막 근 어 시

先王, 以是經夫婦, 成孝敬, 厚人倫, 美敎化, 移風俗.
선 왕 이 시 경 부 부 성 효 경 후 인 륜 미 교 화 이 풍 속

②-1에서 '시'란 무엇인가를 정의했습니다. '뜻'[志]이 옮겨가는 것[所之]이라고. 『서경』「순전」에 '시언지, 가영언'(詩言志,

歌永言)이란 구절이 있다고 말씀드렸지요. 같은 뜻입니다. '시는 뜻을 말한 것이고 노래는 말을 길게 늘인 것'입니다. 네, 그렇습니다. '시'는 각자 마음의 표현, 표출입니다. 마음속에 담겨 있는 '뜻'을 언어로 표현하면 '시'가 되니까요. 우리 모두 시인이 될 수 있지요. 아니라구요? 그렇다면 감성이 풍부한 시인의 언어에 공감하고 정화되는 기쁨을 즐기는 것으로 충분합니다. 그것만으로도 행복하지요.

'정'(情)이 나오는 ②-2는 보완 설명입니다. 시적 표현 욕구는 어떻게 생기는가? 희노애락(喜怒哀樂)의 감정이 일어나야지요. '내면의 뜻'이 내적·외적 원인으로 감발(感發)되어 언어로 표현되면, 우선 '말'이 나옵니다. 하지만 '말'로는 부족할 때가 있지요. 너무 평범한 것 같고 뭔가 부족함, 미진함을 느끼기도 합니다. 기쁨은 기쁨대로 분노는 분노대로 최대한 표현한다고 해도 뭔가 아쉬움이 남기 마련이니까요. 그 순간 자신도 모르게 감탄도 하고 탄식도 하게 됩니다. 이 감탄과 탄식의 말이 길게 노랫가락에 실리기도 하고, 어느 순간 손발이 저절로 움직이는 동작이 되지요. '노래'와 '춤'이 출현하는 겁니다. '수지무지, 족지도지'는 몰입된 상태에서 절로 나오는 고갯짓이나 어깨춤 같은 자연스런 몸짓이지요. 축제에 가면 우리 모두 손을 들어 춤추고 발을 구르게 되지요. 희노애락, 다양한 컬러의 감정이 담긴 시, 음악, 춤은 그 기원이 같습니다.

②-3에서 '정발어성'(情發於聲)은 '형어언'(形於言)과 같은 뜻입니다. 우리는 내면의 감정을 말소리로 드러내지요. 하지만 우리의 말소리를 '시'나 '음악'이라고 하지는 않습니다. 일정한 형식, 구조를 갖출 때, 시가 되고 음악이 됩니다. '소리'가 '문양, 무늬'[文]를 이루면 '음악'이라고 합니다. 여기서 '문'은 오음(五音), '궁상각치우'(宮商角徵羽)로 오음이 서로 다른 음높이로 응하여 곡조를 이룹니다. 『예기』 「악기」에서 '소리가 서로 응하여 변화가 생기고 변화한 것이 문양을 이룬 것이 음'[聲相應, 故生變, 變成方, 謂之音]이라 했답니다. 소리[聲]의 문양이 '음'이 되고 음의 조화가 '악'(樂)을 이루는 것이다. 물론 듣기 괴로운 부조화의 음악도 있고, 이걸 즐기시는 분들도 계시지만요.

②-4를 볼까요? 익숙한 구절이 나오는군요. 「위풍」과 「정풍」을 '난세지음'이라고 했지요. 그 시대에 유행하는 음악을 들으면 그 시대의 정치 상황을 알 수 있다니, 전형적인 반영론이지요. 모든 예술 문화는 당대의 정신, 풍속, 정치 상황을 반영한다는 생각은 소박하지만 아주 무시할 수는 없지요. 지금도 70년대 특정 세대의 어떤 성향을 대표하는 팝 음악, 2000년대 서태지 이후 무슨 음악을 대표하는 누구의 어떤 노래 …. 음악 평론가들은 오래된 노래를 소개할 때, 이렇게 이야기를 하죠. 문

학, 미술 전문가들도 그렇고요. 어느 시대에 어떤 사조가 등장해서 한 시대를 풍미했다고. 묘하게 설득되는 지점도 있지요. 그런가요?

'치세', 평화롭고 안정된 시대의 음악이 편안하고 즐거운 것은, 정치가 조화롭기 때문이라고 합니다. 정치가 편안하고 민생이 안정된 시대라면 음악도 즐겁고 편안하다네요. 하지만 저에게는 이런 기억이 없군요, 유감스럽게도. 건전가요에 대한 반감 때문일 겁니다. 「새마을 운동의 노래」, 「서울 찬가」, 「아! 대한민국」 같은 노래들은 마음을 불편하게 하지요. 태평한 성군의 시대를 살고 있으니, 그렇게 믿고 고마워하라는 것 같거든요. 이의를 제기하면 이상한 사람이라는 듯이.

'난세'는 전쟁이 그치지 않는 불안한 시대입니다. 노래 속에 원망과 분노가 들어 있군요. 정치는 불화, 정쟁의 나날이고 민심은 흩어집니다. '망국'은 '망한 나라'이자, 망국의 징조가 만연하여 망국의 길로 가고 있는 나라입니다. 지난날 태평성대를 그리워하며 수심에 잠기지만 이미 기운 국운은 어쩔 수 없지요. 이런 시대에 모든 고통은 민초의 몫입니다. 곤궁한 막다른 길에서 눈물을 흘릴 뿐입니다. 『예기』 「악기」에 '정나라와 위나라의 음악은 난세의 음악이다'[鄭衛之音, 亂世之音]라는 구절이 나오지요. 「패풍」·「용풍」·「위풍」과 「정풍」을 모두 읽은 지금,

두 나라 음악을 '난세지음'으로 같이 묶을 수 있을까, 의문이 들지요. 간략히 말씀드리면 「정풍」을 정치 풍자가 아니라 연애에 빠진 연인들의 시로 읽었기 때문이랍니다.

②-5에서는 '시'의 효용을 말합니다. 표현론, 반영론을 거쳐 효용론으로 왔군요. 지금 우리는 '시'를 읽으면 마음이 움직이고 어떤 경우에는 차분히 가라앉기도 합니다. 제가 '시 테라피'란 용어를 썼는데요, 저의 경우 '시'를 통해 탄식, 분노, 안타까움을 느낄 경우도 있지만, 그런 상황에서도 따뜻한 위로를 받습니다. 이렇게 공감을 나눌 수만 있다면, 사납고 잔인한 세상이지만 힘을 내서 살아 볼 만하다고요.

그런데 ②-5에서 말하는 시의 효용은 국가적 차원의 이야기입니다. 문화 정치, 교화 정치를 말하고 있지요. 시를 국가 의례, 마을 행사, 집안 모임에 두루 사용하면 놀랄 만한 효과를 볼 수 있다고 하네요. 우선 정치의 잘잘못을 바로잡을 수 있다고 합니다. 여러분의 생각은 어떠신가요? 시인의 노래에 담긴 진실하고 간곡한 마음이 정치 상황을 바꿀 수 있을까요? 풍자와 비판, 간곡한 부탁과 기원으로 타락한 정치가, 지도자의 마음이 정화될까요? 만인의 목소리, 노래는 강력한 힘이 있지요. 중구삭금(衆口鑠金)! 시인의 노래는 만인의 감응, 합창으로 세상을 바꾸는 강력한 힘이 되지요. 여론의 힘입니다.

시는 힘이 셉니다. 천지를 움직이고 귀신을 감동시키는 데 시만 한 것이 없다고 합니다. 조건은? 우선 우리가 사는 이 세상이 제대로 돌아가야겠지요. 정치의 득실을 바로잡는 것이 먼저입니다. 각자의 삶도 올바른 자리[正位]에서 인간답게 정상적으로 영위되어야겠지요. 그러면 '송'(頌)으로 천지, 조상신에 제사 지내고 평안을 기원할 수 있습니다. 천지가 감응하여 사시 24절기가 조화롭고, 지상에서 이루어지는 모든 일들이 원만하게 풀리겠지요. 네, 우리가 도저히 알 수 없는 이 세상에서 일어나는 모든 일들은 천지의 도움이고 귀신의 조화이지요.

②-6을 볼까요? 위대한 군주[先王]는 이런 이치를 알았군요. '시'를 100퍼센트 활용해서 정치의 수준을 높였으니까요. 역시 정치의 출발점에 남녀, 부부가 있습니다. '경부부'(經夫婦)에서 '날실 경'(經)은 '항상 상'(常)입니다. 윤리이고 도리이지요. 가정의 중심축인 부부가 각자의 도리를 변함없이 행해야 한다네요. 오륜의 '부부유별'도 이런 뜻이지요. '성효경'(成孝敬), 부모에 대한 '효'를 사회로 확장하면 '경'(敬)이 되어 집안 어른에 대한 존경이 마을 어른, 군주에 대한 존중으로 이어지지요. '부자유친', '군신유의', '장유유서'를 축약하면 '성효경'입니다. 이것이 바로 '인륜'이고 그 핵심이 '오륜'이지요. 점점 더 많은 사람들이 인륜에 맞게 산다면[厚人倫] 그것이 '교화'이

고[美教化] '좋은 정치'입니다. 좋은 정치를 멀리서 찾을 필요 없지요. 우리 삶의 질이 높아지고 타자와의 관계가 원만해지는 것, 그것이 교화이고 정치인데, '시'를 활용하면 모두 가능하답니다. 네, 그렇습니다. '흥어시'(興於詩)에서 시작하지요.

'이풍속'(移風俗)은 무슨 뜻일까요? '풍속'은 '문화', '삶의 방식'이라고 보시면 됩니다. 특정 지역의 사람들 사이에서 오랜 시간에 걸쳐 이루어진 사고와 행동 방식이지요. '전통'이라고 보셔도 좋습니다. 우린 지금 2020년대에 대한민국에서 가족, 친구, 동료들과 관계를 맺으며 일정한 규범에 따라 살고 있지요. 왜 내가 특정 상황에서 이렇게 생각하고 판단하고 행동하는지, 그 이유를 100퍼센트 알 수는 없습니다. 그냥 그렇게 사는 것이지요. 네, '풍속'입니다. '이풍속'은 삶의 방식, 문화를 더 높은 수준으로 끌어올리는 것입니다. 무엇으로? '시'와 '음악'으로. 돈, 권력으로는 안됩니다. 돈, 권력으로 모든 것을 살 수 있다고 말하는 각자도생의 세상에 살고 있지만, 우리 모두 알지요. 돈으로 살 수 있는 것은 모조품, 가짜일 뿐이란 걸. 문화 수준을 높이는 것은 불가능하지요.

여기까지가 '시'의 기원부터 시와 세계와의 관계를 다룬 반영론, 효용론까지를 논한 '모시대서'의 전반부입니다. 『예기』의 「악기」, 사마천 『사기』의 「악서」에 담긴 예술론과 같이 읽으면 더 좋겠지만, 일단 '모시대서'에 집중하도록 하죠. 나머지도 읽겠습니다.

③-1 그러므로 '시'에는 '육의'가 있으니, 첫째는 '풍', 둘째는 '부', 셋째는 '비', 넷째는 '흥', 다섯째는 '아', 여섯째는 '송'이다.

③-2 윗사람은 '풍'으로 아랫사람을 변화시키고 아랫사람은 '풍'으로 윗사람을 풍자하는데 문장을 음악에 조화시켜 은근히 간언하므로 말하는 사람은 죄를 받지 않고 듣는 사람은 충분히 경계로 삼을 수 있다. 그러므로 '풍'이라 한 것이다.

③-3 왕도가 쇠퇴하는 시대가 되자 예의가 무너지고 정교가 실추되었으며 나라마다 정치가 달라지고 집집마다 풍속이 달라져서 '변풍'과 '변아'가 나타났다.

③-4 사관이 정치에 대한 잘잘못의 자취를 밝게 알아 인륜이 무너진 것을 마음 아파하고 형벌이 가혹한 것을 슬퍼하여 뜻을 읊조려 군주를 풍자하였다. 이런 시를 지은 사람은 일의 변화에 통달하고 옛 풍속을 그리워하였다.

③-5 그러므로 '변풍'은 정에서 나와 예의에서 그친 것이다. 여기서 '발호정'(發乎情)은 백성의 성정이요, '지호예의'(止乎禮義)는 선왕의 영향이다.

③-6 이 때문에 한 나라의 일이 시인 한 사람의 뜻에 관계된 것을 '풍'이라 하고 천하의 일을 말하고 사방의 풍속을 표현한 것을 '아'라 한다.

③-7 '아'는 '바름'이니 왕의 정교가 이로 말미암아 무너지고 흥기됨을 말한 것이다. 정치에는 작은 것과 큰 것이 있기 때문에 '소아'와 '대아'가 있게 되었다.

③-8 '송'은 훌륭한 덕의 모습을 찬미한 것이니 그 이루어진 공을 신명에게 고한 것이다.

③-9 이것을 '사시'라고 하니 시의 지극함이다.

故詩有六義焉, 一曰風, 二曰賦, 三曰比,
고 시 유 육 의 언   일 왈 풍   이 왈 부   삼 왈 비

四曰興, 五曰雅, 六曰頌. 上以風化下, 下以風刺上,
사 왈 흥   오 왈 아   육 왈 송   상 이 풍 화 하   하 이 풍 자 상

主文而譎諫, 言之者無罪, 聞之者足以戒. 故曰風.
주 문 이 휼 간   언 지 자 무 죄   문 지 자 족 이 계   고 왈 풍

至于王道衰, 禮義廢, 政敎失. 國異政, 家殊俗,
지 우 왕 도 쇠   예 의 폐   정 교 실   국 이 정   가 수 속

而變風變雅作矣.
이 변 풍 변 아 작 의

國史明乎得失之迹, 傷人倫之廢, 哀刑政之苛,
국 사 명 호 득 실 지 적   상 인 륜 지 폐   애 형 정 지 가

吟詠情性, 以風其上, 達於事變懷其舊俗者也.
음 영 정 성   이 풍 기 상   달 어 사 변 회 기 구 속 자 야

故變風發乎情, 止乎禮義. 發乎情, 民之性也,
고 변 풍 발 호 정   지 호 예 의   발 호 정   민 지 성 야

止乎禮義, 先王之澤也. 是以, 一國之事, 繫一人之本,
지 호 예 의   선 왕 지 택 야   시 이   일 국 지 사   계 일 인 지 본

謂之風. 言天下之事, 形四方之風, 謂之雅.
위 지 풍   언 천 하 지 사   형 사 방 지 풍   위 지 아

雅者, 正也. 言王政之所由廢興也. 政有小大.
아 자   정 야   언 왕 정 지 소 유 폐 흥 야   정 유 소 대

故有小雅焉, 有大雅焉.
고 유 소 아 언　유 대 아 언

頌者, 美盛德之形容, 以其成功, 告於神明者也.
송 자　미 성 덕 지 형 용　이 기 성 공　고 어 신 명 자 야

是謂四始, 詩之至也.
시 위 사 시　시 지 지 야

③은 '모시대서'의 뒷부분으로 '시'의 형식과 표현법에 대해 말하고 있습니다. 전반부 못지않게 중요한 글로『시경』에 관한 모든 책의 앞부분에 나온답니다. 천천히 읽어 보겠습니다.

③-1에 '육의'가 나오는군요. '육의'는 다시 '풍', '아', '송'과 '부', '비', '흥'으로 묶입니다. 먼저 '풍', '아', '송'을 볼까요?『시경』은 160수의 '풍'과 105편의 '아', 40편의 '송'으로 분류되어 있지요. '풍'에 대해서는 이미 ①-3에서 정의가 나왔습니다. '풍'이 곧 '교'(가르침)라고. ③-2는 '풍'에 대한 부연 설명입니다. ①-3의 주석으로 보셔도 좋겠군요. 윗사람은 아랫사람을 '풍화'(風化), 교화하고, 아랫사람은 윗사람을 '풍자'(諷刺), 비판한다고 하네요. '풍'은 일방적으로 아래로 내려가는 '교화'가 아닙니다. 양방향으로 작동합니다. 아래에서 위로 향하는 '풍자'도 중요하지요. 특히『모시』는 풍자의 기능을 강조합니다. 모든 시는 일정한 정치적 상황의 반영이자 풍자라는 것이『모시』의 일관된 입장입니다.

그렇기 때문에 말하는 사람[言者]과 듣는 사람[聞者]의 관

계가 중요합니다. 말하는 사람은 시인으로 신하이고 백성입니다. 시로 임금의 정치를 풍자하고 간언(諫言)하는 것이지요. 그런데 군주가 직언에 분노하여 파면하거나 사찰을 한다면? 심한 경우 죽인다면? 누가 풍자, 간언을 하겠습니까. 은거하고 묵언의 저항을 하겠지요. 민간, 시정에서는 뒷공론만이 무성할 겁니다. 「위풍」〈고반〉에 나오는 지식인처럼 숨어 살면서 굶주리는 사람도 생기겠지요. 결국 군주의 주변에는 굽실대며 아부만을 일삼는 '유유대신'(唯唯大臣), '예스맨'만 남습니다. 군주는 바보가 되어 만족하며 웃겠지요. 최고 권력자가 풍자를 통해 자신의 잘못을 인정하고 경계로 삼을 수 있을까요? '시'로 가능하다고 합니다. 저는 이런 경우를 거의 보지 못했지만요. 무소불위의 절대군주는 무오류의 확신을 가지고 마치 신이라도 된 양 오만하지요. 어리석게.

'시'의 풍자는 어떻게 하는 걸까요? 여기서 '휼간'(譎諫)이라는 고도의 기술이 나옵니다. '속일 휼'(譎), '간할 간'(諫)으로, '휼간'은 찬찬히 이런저런 비유 등을 써서 듣기 좋게 해서 잘못을 알리는 기술입니다. 부모님의 잘못을 조심스럽게 말씀드리는 '미간'(微諫)과도 통합니다. 한마디로 융통성을 발휘하는 겁니다. 윗사람의 면전에서 정면으로 따지고 드는 것이 아니고요. 나를 죽여도 좋다는 식으로 대들어 윗사람의 분노를 격발

하는 것을 하수라고 봅니다. '휼간'은 어렵지요. 그런데 '시'로는 가능합니다. 바로 '주문'(主文)을 해야지요. ②-3에서 "정발어성, 성성문, 위지음"[情發於聲, 聲成文, 謂之音]이라고 했습니다. 마음의 소리를 운율에 담아 상징과 비유가 담긴 글[文]로 표현하는 것이지요. 이런 과정을 거친 것이 시이고 음악입니다. 경우에 따라서는 직언도 해야 하지만 시와 음악을 이용하는 융통성이 필요합니다. 동양에서 풍자문학의 금과옥조가 된 것이 바로 이 구절입니다. '말한 사람은 죄를 받지 않고, 들은 사람은 경계로 삼을 수 있어야 한다'고. 그렇다면 풍자시 한편으로 시화(詩禍)를 입어 귀양가거나 죽은 사람은? 솜씨가 어설프거나 그의 작품이 정변에 교묘히 이용된 경우라고 보시면 됩니다.

'육의' 중 '풍', '아', '송'을 묶어서 보겠습니다. '아'(雅)에 대한 설명은 ③-7에 나옵니다. '아'는 '정'(正)이라고 하는군요. 공영달은 '천자가 정교로 천하를 바르게 하기 때문이다'[由天子以正敎齊正天下]라고 했습니다. 15국의 '풍'(風)은 제후국의 노래로 각 지역의 풍토와 정치 상황에 따라 내용, 곡조에 차이가 있지요. 하지만 '아'(雅)는 천자의 나라에서 사용한 궁중 음악입니다. '아'는 '소아'(小雅)와 '대아'(大雅)로 나뉩니다. 현재 『시경』에는 소아 74편, 대아 31편이 있습니다. 일반적으로 '소아'는 천자의 정치 중에서 작은 것으로 빈객, 군신들과 연회를 베풀 때 연주한 음악입니다. '대아'에는 문왕이 천명을 받고 무왕이 주를 세운 과정이 들어 있는데, 선조의 덕을 높이고 인재를 등용하는 등 천하를 위한 큰 정치를 베풀 때 연주한 음악입니다.

'육의' 중 '송'에 대한 언급은 ③-8에 있습니다. 현재 「주송」(周頌) 31편, 「노송」(魯頌) 4편, 「상송」(商頌) 5편이 남아 있지요. '송'은 조상의 성대한 덕을 찬미하는 제사음악입니다. 다만 '송'에 제후국의 노래인 「노송」 4편이 들어 있어서 이상하지요. 현재 「노송」은 희공(僖公: 재위 기원전 659~627)의 공덕을 찬미한 작품들로 알려져 있습니다. 왜 '노풍'이 아니라 '노송'이라 하는가? 성왕이 주공의 사후에 위대한 업적을 인정하여 이례적으로 천자의 의례, 음악을 사용하게 했기 때문이라는 말도 있습니다. 「노송」이 「상송」보다 앞에 있는 이유는 '노'가 '주'와 동성(同姓)이기 때문이라고 보기도 합니다. 그밖에도 여러 설이 있는데요, 나중에 '송'의 작품들을 다룰 때 다시 말씀드리겠습니다.

중간에 건너뛴 부분이 있지요. 챙겨 볼까요? ③-3에서 '변풍', '변아'란 단어가 툭 튀어나오는군요. '변풍', '변아'가 있으면 '정풍', '정아'도 있어야겠지요. 『시경』에서 '풍'과 '아'에는

'정'(正)과 '변'(變)이 있다고 합니다. 이런 구분이 생긴 이유는? ②-4에 나온 정치 반영론 때문이지요. 성인의 왕도가 무너지면서 예의, 정교가 흔들렸고, 그 과정에서 '정풍', '정아'가 변하여 '변풍', '변아'가 생겼다고 하는군요. '풍'에서는 「주남」, 「소남」이 '정풍'이고 그 이후 「패풍」부터 13개국의 '풍'을 '변풍'으로 봅니다. 문왕의 교화 정치가 사라진 시대의 노래라고 본 것이지요.

「소아」, 「대아」도 '정아', '변아'로 나누어 보기도 하는데, 아무래도 해당 작품들을 읽을 때 말씀드리는 것이 좋겠네요. 지금은 '아'에 어떤 작품들이 있는지도 알지 못하는 상태인지라….

③-4에 '국사'(國史)가 나오는군요. 천자와 제후의 사관(史官)이지요. 민간의 노래를 채집하는 '채시관'(采詩官)이기도 하고요. 이들이 '시인'이 되어 폭력의 시대를 아파하고 지배자를 풍자했다고 보는 것이 『모시』의 입장이지요. 여기서 '국사', '사관'은 시를 짓고 부른 수많은 '시인'의 대표자로 보시면 됩니다.

③-5에서는 선왕의 시대에 대한 그리움, 자신의 시대에 대한 슬픔으로 '변시'가 등장했는데, 일정한 성향이 있다고 합니다. 백성들의 감정을 솔직하게 표현한 것이 '변풍'이고 '변아'인데, 그 의도는 무엇일까요? '유풍(遺風)'을 통해 지난 시대 선

왕, 선공의 법도를 회복하고자 한 것이다.' 이것이 『모시』의 입장입니다. 제나라에는 강태공, 위나라에는 위강숙의 '유풍'이 남아 있다. 그 시대의 정신으로 돌아가자, 네, 한마디로 복고적 입장이지요. 가능할까요? 여기서는 100퍼센트 가능하다고 확신하는군요.

③-6에서 '일국지사'(一國之事)와 '천하지사'(天下之事)를 나누는군요. '일국'은 제후의 나라지요. 제후국에서 '일인'(一人)——백성을 대표하는 시인——이 노래한 것이 '풍'입니다. 상대적으로 범위가 좁지요. '천하', 천자의 나라에서 '일인'이 정치의 득실을 말한 것은 '아'입니다. 범위가 넓지요. 이렇게 보면 '풍'과 '아'는 모두 시인, 한 사람의 노래가 됩니다. '한 사람'이 찬미하고 풍자한 것이 제후국에서는 '풍'이고, 천자의 나라에서는 '아'가 되어 노래로 불리고 연주된 것이지요. 물론 여기서 '한 사람' '시인'은 민심의 대변자이지요. 역시 시, 노래는 힘이 셉니다.

③-9에 '사시'(四始)라는 단어가 나오는군요. '대서'의 결론입니다. '사시'는 '풍', '소아', '대아', '송'을 말합니다. 왜 '시'(始), 시작이라고 하는가? 정현은 시에서 '왕도의 흥성과 쇠미함이 말미암는다'[王道興衰之所由]라고 했습니다. 제후나 왕이 '시'의 효용을 알고 활용하면 교화의 정치가 이루어지고, 그

렇지 않으면 쇠망의 길로 들어선다는 것이지요. 결국 '시'의 활용 여부가 나라의 흥망성쇠의 시작이라는 건데, 어떠신가요? 무슨 뜻일까요? 민심을 알고 정치를 해라, 민생 안정이 최우선이다, 란 뜻이지요. 그리고 이런 기능이야말로 '시의 지극한 경지'겠지요. 이렇게 '모시대서'는 '시'를 처음부터 끝까지 정치적 맥락에서 봅니다. '시'는 당대를 살았던 사람들의 감정 표현이자 정치 행위가 됩니다. 부르는 사람에게는 어울려 살아가는 과정에서 드러나는 진솔한 표현으로 그 가운데 정치 상황이 반영되어 풍자, 풍간이 됩니다. 군주에게는 교화 ——백성과의 화합, 천지·귀신과의 소통 ——의 도구이지요. 멋있군요.

여기까지가 '대서'입니다.

여기까지 오면서 '이상하다, 왜?' 하는 의문이 드시지요. 그렇습니다. '육의' 중에 '부', '비', '흥'은? 무엇을 '부', '비', '흥'이라 하는지 아무런 언급이 없지요. 이상하지요. 여러 설이 분분하지만 이유는 알 수 없답니다. 후대 학자들의 이런저런 설명이 있을 뿐이지요.

그래도 우리는 '부', '비', '흥'이 무엇일까, 궁금합니다. 여기서는 정현의 설명으로 대신하겠습니다. 정현에 의하면 '부'는 '곧바로 사실을 진술하여 피하고 꺼리는 것이 없으므로 잘잘못을 모두 말한 것'[直陳其事, 無所避諱, 故得失俱言]입니다. '비'는

'외물에 견주고 가탁하여 감히 바로 말하지 못하는 것이 두려워하는 것이 있는 듯한 것'[比託於物, 不敢正言, 似有所畏懼]이고요. '흥'은 '뜻을 일으켜 찬양하는 말'[興起志意, 讚揚之辭]이라고 했습니다.

그런데 후대에 주자에 의해 '부', '비', '흥'에 대한 설명에 변화가 생깁니다. 그는 모든 '시'를 「모시서」를 따라 정치 풍자, 반영으로 보는 것에 반대했지요. 그 역시 교화론적 해석틀을 벗어나지 않았지만요. 주자는 '부', '비', '흥'에 대해 이렇게 말합니다. '부'는 '일을 그대로 펴서 곧바로 말한 것'[敷陳其事, 而直言之者也], '비'는 '저 물건을 가지고 이 물건을 비유한 것'[以彼物比此物也], '흥'은 '먼저 다른 사물을 말하여 노래하고자 하는 내용을 일으킨 것'[先言他物, 以引起所詠之詞也]이라고. 정현과 주자의 설명을 비교해서 봐 주십시오. 앞부분은 거의 비슷하지요. 정현은 '피하고 꺼리는 것', '두려워하는 것이 있는 듯', '찬양하는 말' 등을 언급해서 시의 내용과 연관지었습니다. 하지만 주자는 표현법에 한정했지요.

그런데 제가 『시경』 강의를 하면서 '부', '비', '흥'에 대해서는 거의 언급하지 않습니다. 주자의 『시집전』에는 모든 시의 각 장 첫머리에 '부', '비', '흥', 심지어는 '흥이비'(興而比), '비이부'(比而賦)라는 식의 주석이 붙어 있습니다. 여기서 저의 『시

경』공부 고난사를 말씀드리겠습니다. '주자는 이 작품을 '흥'
이라 했는데, 나는 아무래도 '비' 같지, 아무리 봐도 '비'인데
…', 이런 의문이 끝없이 일어났습니다. 일일이 따지다 보니 시
읽기가 힘들어지더군요. 문학적 수사법에서는 여러분과 저 사
이에도 큰 차이가 있을 수밖에 없을 겁니다. 각자 감수성이 다
르니까요. 더구나 이제는『시경』을 정치 풍자나 교화론으로 읽
지도 않습니다. 그럴 필요가 없지요. 고심 끝에 내린 저의 결론
은 '부', '비', '흥'에 구애되지 말자, 입니다. 벗어나자! 그냥 읽
고 충분히 즐기자! 그것으로 '이너프'!

④-1 그렇다면 〈관저〉와 〈린지〉의 교화는 왕자의 풍교이다.
그러므로 주공에 연계시켰고, '남'은 교화가 북쪽에서 남쪽까
지 이르렀음을 말한 것이다. 〈작소〉와 〈추우〉의 덕은 제후의
풍교이니 선왕이 교화한 것이다. 그러므로 소공에 연계시킨
것이다.

④-2 「주남」과 「소남」은 정시의 도이고 왕자의 교화의 기본
이다.

然則關雎麟趾之化, 王者之風. 故繫之周公,
연 즉 관 저 린 지 지 화　왕 자 지 풍　고 계 지 주 공

南, 言化自北而南也. 鵲巢騶虞之德, 諸侯之風也,
남　언 화 자 북 이 남 야　작 소 추 우 지 덕　제 후 지 풍 야

先王之所以敎. 故繫之召公.
선 왕 지 소 이 교　고 계 지 소 공

周南召南, 正始之道, 王化之基.
주 남 소 남　정 시 지 도　왕 화 지 기

④는 '이남'(二南), 「주남」과 「소남」에 대한 총괄적 언급입니다. ④-1에서 주목할 만한 구절은 '남'(南)에 대한 풀이입니다. '교화가 북쪽에서 남쪽에까지 이르렀다', 그래서 '남'이라 한다네요. 사실 '남'에 대해서는 이런저런 해석이 있지요. '남'은 특정 곡조를 말한다고도 하고요.

「주남」, 「소남」은 '정풍'(正風)으로 '풍'의 모범이지요. 하지만 차이도 있군요. 「주남」은 '왕자의 풍'이고 「소남」은 '제후의 풍'이라고 했으니까요. 공영달은 여기서 '왕자'는 문왕을 말한다고 합니다. 문왕이 성인이기 때문에 성인이자 아들인 주공과 연계시킨 것이라고요. '제후'는 문왕의 할아버지 태왕(太王)과 아버지 왕계(王季)라고 봅니다. 이들은 현인으로 역시 현인인 소공과 연계시킨 것이지요. 하지만 특별한 근거는 없습니다. 그렇게 본다는 것이지요. 「소남」의 〈감당〉을 소공의 덕을 칭송한 것으로 풀고 있긴 하지요.

④-2는 「주남」, 「소남」 25편의 시에 대한 예찬입니다. '정시지도', '사시'의 '풍' 중에 '정풍'이니까요. '왕화지기', 왕업(王業)과 '풍화'(風化)의 기본[基]이자, 시작이군요. 「주남」, 「소남」을 모든 정치의 기본으로 삼으라는 것인데, 시와 정치의 관계

가 대단합니다.

기원전 544년, 노나라에 와서 「주남」, 「소남」을 들은 계찰의 코멘트를 볼까요?

> 계찰이 주나라 음악을 들려줄 것을 청하였다. 양공이 그를 위하여 악공에게 「주남」, 「소남」을 노래하게 하였다.
>
> 계찰이 말했다. "아름답군요. 주나라가 처음 터전을 잡을 때의 노래군요. 백성들이 아직 안정되지 못했지만 열심히 일하면서 윗사람을 원망하지 않는군요." 『춘추좌씨전』 노 양공 29년
>
> 請觀於周樂, 使工爲之歌周南召南.
> 청 관 어 주 악   사 공 위 지 가 주 남 소 남
> 曰: 美哉, 始基之矣. 猶未也, 然勤而不怨矣.
> 왈   미 재   시 기 지 의   유 미 야   연 근 이 불 원 의

계찰은 「주남」과 「소남」을 주나라 건국 시기의 노래로 보는군요. 그렇다면 「주남」, 「소남」 다음에 주공이 동방을 평정하는 과정을 그린 「빈풍」을 이어서 읽어도 좋겠지요. 이렇게 '시'를 들으며 내면에서 일어나는 감성은 개인적 편차가 있답니다.

⑤ 그러므로 〈관저〉는 후비가 숙녀를 얻어 군자의 배필로 삼은 것을 즐거워한 것이다. 후비의 근심은 어진 여인을 천거하는데 자신의 아름다움을 지나치게 드러내지 않고자 하는 것

이다. 그윽하고 조용한 곳에 있는 여인이 천거되지 못할까 가슴 아파하고 어진 자질의 여인을 얻을 것을 생각하여, 착한 사람을 해치는 마음이 없으니, 이것이 〈관저〉의 뜻이다.

是以, 關雎樂得淑女以配君子, 憂在進賢, 不淫其色.
시 이 관 저 락 득 숙 녀 이 배 군 자   우 재 진 현   불 음 기 색
哀窈窕, 思賢才, 而無傷善之心焉, 是關雎之義也.
애 요 조   사 현 재   이 무 상 선 지 심 언   시 관 저 지 의 야

⑤는 다시 〈관저〉의 '소서'라고 할 수 있지요. ①-1의 '〈관저〉는 후비의 덕을 말한 것이다'에 연결해서 읽으시면 좋습니다. '정시지도'는 집안의 부부 사이에서 시작하는데, 이제 '후비의 덕'은 무엇을 말하는지 볼까요? 여러분! 지금의 기준으로는 너무도 이상한 얘기를 할 겁니다. 그러려니 하고 들어주십시오.

우선 후비가 '숙녀', 다른 여인을 구하여 군자의 배필로 삼는 것을 즐거워합니다. 이게 무슨 소리인가? 지금 혼란스러우실 겁니다. 우선 이 스토리의 등장인물을 볼까요? 후비는 문왕의 아내 태사이고 군자는 남편 문왕이지요. '숙녀'는? 후비가 남편에게 천거하는 어진 여인으로 빈어(嬪御), 왕을 모시는 여인들입니다. 궁 안에서 정처인 후비와 빈어의 관계는 군주와 신하 사이와 같습니다. 지금 우리의 시선으로 보면 어이가 없지요. 문왕 시대에 태사가 이렇게 했는지도 알 수 없습니다. 다

만 한나라, 모형의 시대에 이상적 궁궐 생활의 모습이 투사된 해석이라고 보시면 무난합니다. 왕실의 번성을 위해 많은 후손들이 필요했으니까요. '빈어'를 구하지 못해 전전반측하는 후비라니!

이렇게 '모시대서'에 대한 간략한 설명을 마무리하겠습니다. 하지만 여러분! 아직 중요한 글 한 편이 더 남아 있습니다. '모시대서'와 더불어 '시서'의 쌍두마차는 주자의 「시집전서」이지요. 『시경』에 관한 이런저런 자료들을 작정하고 읽고 있으니,「시집전서」까지 읽고 마치겠습니다.

「시집전서」

『시집전』의 '서'인 「시집전서」(詩集傳序)는 주희 선생이 1177년, 48세에 쓰신 글입니다. 이때 주자는 『시집해』를 수정하고 서문을 썼지요. 하지만 다음 해 여름에 『시집해』를 버리고 『시집전』을 쓰기 시작합니다. 대단하지요? 원고를 완성한 후에 '이건 아닌 것 같다, 다시 쓰자!' 이런 결심을 하다니. 1186년(57세)에 『시집전』을 판각하면서 『시집해』에 썼던 '서문'을 그대로 붙입니다. 이 글이 바로 우리가 읽을 「시집전서」입니다.

이 글 역시 짧지 않습니다. 하지만 4개의 질문과 대답으로 이루어져 구성이 깔끔합니다. '시'가 생긴 이유, '시'가 교화와 연결되는 이유, '시'의 체가 다른 이유, '시'를 읽는 방법. 이 순서대로 나누어서 주자의 논리를 따라가 볼까요? 우선 맨 처음에 등장하는 '혹자'는 누구일까요? 네, 제자입니다. 주자는 평생 제자들과 같이 공부하고 방대한 양의 글을 썼지요. 선생님도 제자들도 '열공'했답니다. 그 과정에서 '주자학'이 탄생했답니다.

① 혹자가 나에게 물었다.

"시는 어떻게 지어졌습니까?"

나는 대답하였다.

"사람이 태어나서는 고요하니, 하늘에서 받은 '성'이다. 사물에 감응하여 마음이 움직이게 되니 '성'의 욕구이다. 이미 욕구가 생기면 생각이 없을 수 없다. 이미 생각이 있게 되면 말이 없을 수 없다. 이미 말이 있게 되면 말로는 다할 수 없어서 차탄(嗟歎)하고 영탄(詠歎)하는 끝에 발하게 되니 필히 자연스럽게 음향과 가락이 있게 되어 멈출 수 없게 된다. 이것이 시가 지어진 이유이다."

或有問於予曰: "何爲而作也?"
혹 유 문 어 여 왈   하 위 이 작 야

予應之曰: "人而靜, 天之性也. 感於物而動, 性之欲也.
여응지왈　인이정 천지성야 감어물이동 성지욕야
夫旣有欲矣, 則不能無思. 旣有思矣, 則不能無言.
부기유욕의　즉불능무사 기유사의　즉불능무언
旣有言矣, 則言之所不能盡, 而發於咨嗟詠歎之餘者,
기유언의　즉언지소불능진　이발어자차영탄지여자
必有自然之音響節族而不能已焉, 此詩之所以作也."
필유자연지음향절주이불능이언　차시지소이작야

①은 시의 발생론입니다. '모시대서'에서는 '시'는 '뜻이 향
하는 것'[志之所之也]이라고 해서 마음을 표현한 것이 '시'라
고 했지요. 표현론입니다. 주자는 발생 과정에 주목합니다. 모
든 사람의 본성은 '맑고 고요하다'[靜]. 그런데 외물의 자극으
로 동요하게 되고 그러면 다양한 감정[欲]이 생길 수밖에 없다.
그러면 정(靜) → 동(動) → 사(思) → 언(言) → 음향절주(音響
節奏), 이런 연속적 과정이 일어날 수밖에 없다고요. 이 부분은
'모시대서' ②-1. ②-2의 내용과도 상통합니다. 제자가 또 묻는
군요.

②-1 "그렇다면 '시'가 가르침이 되는 이유는 무엇입니까?"
"시는 사람의 마음이 사물에 감응하여 말로 나타난 것이다.
마음이 감응하는 것에는 바름과 비뚤어짐이 있다. 그러므로
말로 표현된 것에도 옳고 그름이 있게 된다. 오직 성인이 윗
자리에 계시면 그 감응한 것이 바르지 않음이 없게 되고, 말한

것이 모두 가르침이 될 수 있다. 혹시 감응한 것에 바르지 않아 잡스러운 것이 있지만 그 발해진 것이 택할 만한 것이 없지 않으면 윗사람이 반드시 스스로 돌이킬 바를 생각하여 그것으로 인하여 선을 권면하고 악을 징계하니 이것 또한 가르침이 된다.

②-2 옛날 주나라가 성대했을 때에 위로는 교제사와 종묘제사, 조정에서부터, 아래로는 향당과 여항에 이르기까지 그 시의 말이 순수하여 바름에서 나오지 않은 것이 없었다. 성인이 참으로 이것을 성률에 맞추어 향인에게 사용하고 제후국과 천자의 나라에도 사용하여 천하를 교화했다.

②-3 제후국의 시에 이르러서는 천자가 각 지방을 순수할 때에 반드시 이것을 쭉 노래하고 연주하게 하여 정치의 득실을 살폈고. 그 지역 제후의 품계를 높이고 낮추는 법도를 행했다. 소왕과 목왕 이후로 점차로 주나라가 쇠미해지더니 동쪽으로 천도하는 지경이 되자 마침내 폐지되어 말하지 않게 되었다.

②-4 공자께서 이때에 태어나 이미 덕에 맞는 지위를 얻지 못하여 권징(勸懲)하고 출척(黜陟)하는 정치를 행할 수 없었다. 이 때문에 다만 오래된 책들을 거론하고 그것에 대해 토론하였다. 책에서 중복된 것을 없애고 섞여 있는 것을 바로잡았다. 그때에 선(善) 중에 법으로 삼을 만하지 못한 것과 악(惡) 중

에 경계로 삼기 부족한 것을 또한 깎아서 삭제하였다. 이렇게 간략히 정리하여 오래 전할 뜻을 보이신 것이다. 만약 배우는 사람들이 이것에 나아가 그 득과 실을 고찰한다면 선한 것을 본받고 악한 것은 보고 고치게 될 것이다.

이런 까닭에 공자의 정치는 비록 한 시대에 행해지지 못했지만 공자의 가르침은 실로 만세에 전해졌으니 이것이 '시'를 가르침으로 삼을 수 있는 연유이다."

曰: "然則其所以敎者, 何也?"
왈   연 즉 기 소 이 교 자   하 야

曰: "詩者, 人心之感物而形於言之餘也.
왈   시 자 인 심 지 감 물 이 형 어 언 지 여 야

心之所感, 有邪正. 故言之所形, 有是非.
심 지 소 감 유 사 정 고 언 지 소 형 유 시 비

惟聖人在上, 則其所感者無不正, 而其言皆足以爲敎,
유 성 인 재 상 즉 기 소 감 자 무 부 정 이 기 언 개 족 이 위 교

其或感之之雜, 而所發不能無可擇者, 則上之人,
기 혹 감 지 지 잡 이 소 발 불 능 무 가 택 자 즉 상 지 인

必思所以自反, 而因有以勸懲之, 是亦所以爲敎也.
필 사 소 이 자 반 이 인 유 이 권 징 지 시 역 소 이 위 교 야

昔周盛時, 上自郊廟朝廷, 而下達於鄕黨閭巷,
석 주 성 시 상 자 교 묘 조 정 이 하 달 어 향 당 여 항

其言粹然無不出於正者, 聖人固已協之聲律,
기 언 수 연 무 불 출 어 정 자 성 인 고 이 협 지 성 률

而用之鄕人, 用之邦國, 以化天下.
이 용 지 향 인 용 지 방 국 이 화 천 하

至於列國之詩, 則天子巡守, 亦必陳而觀之,
지 어 렬 국 지 시 즉 천 자 순 수 역 필 진 이 관 지

以行黜陟之典. 降自昭穆而後, 寖以陵夷, 至於東遷,
이 행 출 척 지 전 강 자 소 목 이 후 침 이 릉 이 지 어 동 천

而遂廢不講矣.
이 수 폐 불 강 의

孔子生於其時, 卽不得位,
공 자 생 어 기 시 즉 부 득 위

無以行勸懲黜陟之政. 於是, 特擧其籍而討論之,
무 이 행 권 징 출 척 지 정　어 시　특 거 기 적 이 토 론 지

去其重複, 正其紛亂, 而其善之不足以爲法,
거 기 중 복　정 기 분 란　이 기 선 지 부 족 이 위 법

惡之不足以爲戒者, 則亦刊而去之, 以從簡約, 示久遠,
악 지 부 족 이 위 계 자　즉 역 간 이 거 지　이 종 간 약　시 구 원

使夫學者卽是而有以考其得失, 善者師之而惡者改焉.
사 부 학 자 즉 시 이 유 이 고 기 득 실　선 자 사 지 이 악 자 개 언

是以其政, 雖不足以行於一時, 而其敎, 實被於萬世,
시 이 기 정　수 부 족 이 행 어 일 시　이 기 교　실 피 어 만 세

是則詩之所以爲敎者然也."
시 즉 시 지 소 이 위 교 자 연 야

②-1은 왜 '시'를 교화론과 연결하느냐는 질문입니다. '모시대서'의 '왕화'(王化), 정치교화론에 대한 의문이기도 하지요. 개인의 감정을 표현한 '시'를 정교(政敎)의 수단으로 쓸 수 있느냐는 것이니까요. 여기서 주자는 마음이 '정'에서 '동'으로 변하는 과정에서 생기는 '사정'(邪正)——삐뚤어짐과 바름——을 논의의 출발로 삼습니다. 우리가 '성인'(聖人), 즉 완벽한 존재가 아닌 이상, 부족할 수밖에 없다는 것입니다. '인심'(人心)과 '도심'(道心)의 구도이지요. '도심'은 맹자가 말한 '사단'(四端), 인의예지(仁義禮智)의 발현입니다. 하지만 우리는 희로애락과 같은 감정 표현에서 한쪽으로 치우치거나 과도하기 마련이지요. 이것이 '인심'입니다. 그런데 '시'는 '인심'이 외물에 감응하는 과정에서 나온 산물입니다. 당연히 '사'와 '정'이 섞일 수밖에 없습니다. 그렇기 때문에 말, 언어의 표현

에 '시비'(是非), 옳고 그름이 있게 되는 것이지요. 여기서의 시와 비는 감정 표현의 적합, 타당함을 말하는 것입니다. '낙이불음'(樂而不淫), '애이불상'(哀而不傷)이 연상되시지요. 그렇습니다. 즐거움, 슬픔을 곡진히 표현하면 되는데, 우리는 '음'(淫)과 '상'(傷)으로 가기 쉽지요. 즐거운 만남이 과도한 음주, 후유증으로 이어지고, 절절한 슬픔이 불면증, 우울증으로 깊어지기도 하니까요.

그래서 '성인'과 '성인'이 있던 완벽한 시대가 등장합니다. 그러한 시대에는 '부정'(不正)이 드러나지 않았다고 하네요. 가령 요순시대의 사람들은 감정 표현이 바르지 않음이 없고, 그들의 말도 완벽했다고 합니다. '무위'(無爲)의 이상 시대이지요. 불편하시다구요. 네, 사실 저도 불편합니다. 왜 항상 이런 완벽한 이상 시대, 성군 시대를 설정하는가? 한편으로는 우리도 5년마다 여전히 이런 헛된 꿈을 꾸고 있지 않은가, 하는 자조가 올라오기도 합니다.

완벽한 시대라 할지라도 흠결은 있는 법! 일부 백성들의 노래에 감정의 치우침[雜]이 있다면? 이 역시 윗분들께서 그 연유를 심각하게 성찰하여[自反] 권면하고 악을 징계하셨다고 합니다. 이름하여 '권선징악'(勸善懲惡)! 실상은 위로부터 아래로 내려오는 일방적 '교화론'이지요.

②-2에서 주자도 하·은·주(夏·殷·周) 삼대(三代)를 이상시대로 설정합니다. 특히 주나라 초기 나라가 성대했을 때(무왕, 성왕, 강왕)는 '시가'를 조정의 연회와 제사, 향당, 여항의 모임에서 모두 교화의 방편으로 활용했다네요. 마음의 '바름'[正]에서 나온 순수한 노래이니까요. 여기서 성인은 예술로 정치를 하는 마에스트로(maestro)이기도 합니다. 『논어』에는 공자님이 제나라에서 순임금의 음악 '소'(韶)에 심취하여 3개월 동안 고기 맛도 느끼지 못할 정도였다는 언급이 있지요. 『논어』 「팔일」 '진미진선'(盡美盡善)한 순임금의 음악에 심취하여 깊은 교감을 체험하신 것입니다.

②-3에서 '제후국의 시'[列國之詩]는 '풍'이지요. 주자는 주나라 제후국들의 음악인 '국풍'을 천자의 '순수'(巡狩)와 연결시킵니다. 그럼 '순수'라는 제도는 무엇일까요? 한마디로 말하면 대통령 지방 순시와 같은 것인데요. 70년대에는 연초에 대통령의 지방 순시가 큰 뉴스였습니다. 보고도 받고 그 자리에서 개발 계획도 발표했으니까요. 옛날에 극장에서 영화 상영 전에 틀어 주던 '대한뉴스'는 이런 뉴스로 채워졌지요.

'순수'는 『서경』 「순전」에 나옵니다.

순임금은 즉위한 해 2월에 동쪽을 순수했다. 태산에 이르러

'시'제사를 지냈다. 산천에는 차례대로 '망'제사를 지냈다. 그런 후에 동쪽 제후들의 알현을 받았다. 네 계절에 맞게 일과 월을 정하고 음률과 도량형을 통일했다. 공(公)·후(侯)·백(伯)·자(子)·남(男)의 예절과 그에 상응하는 다섯 개의 홀을 만들었다. 제후는 알현할 때 공물로 홍색·흑색·백색의 세 가지 비단을 바치고, 경대부는 어린 양과 기러기를, 사는 죽은 꿩을 바치도록 하였다. 알현이 끝나면 거두었던 다섯 개의 홀을 제후들에게 돌려주었다.

5월에는 남쪽에서 순수하였다. 형산에서 태산에서 행한 것과 같은 제사를 지냈다. 8월에는 서쪽에서 순수하였다. 화산에서 태산에서 행한 것과 같은 제사를 지냈다. 11월 초에는 북쪽에서 순수하였다. 항산에서 화산에서 행한 것과 같은 제사를 지냈다.

돌아온 후에는 요임금의 사당에서 소 한 마리를 제물로 써서 보고하였다.

이후 5년에 한 번씩 순수하였다. 그 사이에 제후들은 매년 조회하여 자신의 일을 보고했다. 순임금은 그들의 공을 분명히 헤아려 수레와 의복을 상으로 주었다.

歲二月, 東巡守, 至于岱宗, 柴. 望秩于山川, 肆覲東后.
세 이 월 동 순 수 지 우 대 종 시 망 질 우 산 천 사 근 동 후
協時月正日, 同律度量衡. 修五禮, 五玉, 三帛, 二生,
협 시 월 정 일 동 률 도 량 형 수 오 례 오 옥 삼 백 이 생

一死贄. 如五器, 卒乃復.
일사지 여오기 졸내복

五月南巡守, 至于南岳, 如岱禮. 八月西巡守,
오월남순수 지우남악 여대례 팔월서순수

至于西岳, 如初. 十有一月朔巡守, 至于北岳, 如西禮.
지우서악 여초 십유일월삭순수 지우북악 여서례

歸, 格于藝祖, 用特.
귀 격우예조 용특

五載一巡守, 群后四朝. 敷奏以言, 明試以功,
오재일순수 군후사조 부주이언 명시이공

車服以庸.
거복이용

　　그렇군요. 5년마다 동, 남, 서, 북의 순서로 다니셨으니, 순수의 해에는 무척 고단하셨겠네요. '순수'(巡守)는 '순수'(巡狩), '순행'(巡幸), '순행'(巡行)으로도 표현합니다. 주자는 이런 천자의 현장 정치에서 '풍'이 연주되었다고 하네요. 바로 '관풍'(觀風)이지요. 그 지역의 민간가요를 듣고[觀] 정치의 잘잘못[得失]을 판단했다는 겁니다. 그리고 승진, 견책과 같은 고과(考課)에 반영했다고 합니다.

　　'순수'와 '관풍'은 천자의 나라가 제대로 작동할 때의 제도이지요. 소왕(4대), 목왕(5대)의 시대를 거치면서 주나라는 휘청거립니다. 소왕은 강남으로 놀러 갔다가 아교로 붙인 배를 타게 되고, 익사합니다. 민심을 잃었거든요. 아들 목왕은 무리하게 서쪽 정벌을 하는 바람에 국내가 혼란해졌지요.『목천자전』에 의하면 목왕은 서쪽에서 서왕모(西王母)와 연애를 했다고 합니다. 전쟁담이 연애담으로 변모한 것이지요. 이후 주나라는 혼란에 빠졌고, 그 이후 동천(기원전 771)이 일어나지요. 유왕(幽王)이 태자를 바꾸는 바람에 장인 신후가 서융과 결탁하여 유왕과 포사를 죽였지요. 이때 서주(西周)는 멸망하고 춘추시대가 열립니다. 「왕풍」, 「소아」에는 이 시기 노래들이 남아 있지요.

'순수'는 주나라가 동천한 이후, 춘추시대에는 행해지지 않았습니다. 천자가 아무런 힘이 없었으니까요. 패자의 눈치를 보는 처지로 몰락했거든요. '시교'(詩敎)의 시대는 끝난 것이지요. 하지만 외교, 연회, 군주와의 대화에서 『시경』의 작품들은 계속 인용, 활용됩니다. '단장취의'인데요, 시를 활용한 외교, 미묘한 대화, 암시 등등, '시'는 곳곳에서 불려졌습니다. 『춘추좌씨전』을 읽다 보면 이곳저곳에서 시가 튀어나온답니다. 역사를 공부할 때 맥락을 파악하기 위해서도 '시'를 알아야 하지요. 교양필수라고 할 수 있답니다.

'순수' 하면 진시황이 생각나실 겁니다. 천하를 병합한 후에 남쪽, 동쪽으로 순행했는데, 중요한 지점마다 비석을 세웠지요. 이사가 지었다는 비석에 새긴 글은 『사기』 「진시황본기」에 남아 있습니다. 신라 '진흥왕순수비'의 '순수'도 같은 뜻입니다. 군주들은 '여기까지가 나의 영토다, 내가 왔다 갔노라'라는 표식을 남기지요.

②-4 이제 공자의 '산시'(刪詩)가 나오는군요. 공자님이 뜻을 펼 수 없는 시대를 만나 문헌을 정리하고 토론하는 데 집중하셨다고 하네요. 저는 여기서 22세(1151년)에 과거에 급제했지만 벼슬길이 원만하지 않았던 주자 자신의 처지가 투사되었다고 봅니다. 공자님이 중도라는 지역의 읍재(邑宰)에 임명되어 출사하신 것은 51세였지요(기원전 501). 지금이면 은퇴를 생각할 나이입니다. 그 후 대사구(大司寇), 검찰총장까지 고속 승진했지만 정공과 '삼환'의 권력투쟁 와중에 망명하게 되지요. 그후 14년간 천하를 주유(周遊)하셨고요. 그래도 저는 공자를 불우했다고 생각하지 않습니다. 신분 사회의 틀을 깨고 '공부'로 명망을 얻고 그 자리까지 올라갔으니 크게 출세하신 것이지요. 주자의 아버지 주송(朱松)은 금과의 화해 정책에 반대하는 주전파였고, 이곳저곳을 떠돌며 살 수밖에 없었는데요. 주자도 이곳저곳에서 '우거'(寓居)했지요. 주자의 삶과 학문에 대해 관심이 있으신 분들에게는 『진영첩의 주자강의』를 강추합니다.

여기서 우리가 주목할 부분은 주자가 '시 삼백'을 편찬한 공자의 의도와 작품 선정 기준을 밝힌 부분입니다. '모시대서'에서는 언급하지 않은 부분이지요. 우선 중복되는 부분을 없애고, 어지럽게 섞인 부분[紛亂]을 정리했다고 하시네요. 그 과정에서 3000편 중에 2700편 정도가 사라졌습니다. 중복과 분란, 착종이 많았던 모양입니다.

그런데 그다음 언급은 우리의 고개를 갸웃거리게 만듭니다. 공자님이 정말 그러셨나, 의문이 들지요. 공자가 '선' 중에 법도로 삼기 부족한 것과 '악' 중에 경계로 삼기 부족한 것을 없앴다고 추정했으니까요. 그러니까 내용을 살펴 '선'과 '악' 중에서 양극의 작품만을 선별하셨다는 건데, 여러분 생각은 어떠신가요? 공자님이 위인전과 악인전만 남기고, 중간 범위의 이야기는 '에이, 교육용 샘플로 삼기에는 부족하다. 버려야지', 하셨을까요? 무려 2,700편이나. 알 수 없지요.

'모시대서'는 모든 작품을 정치 풍자(諷刺), 풍간(諷諫)으로 봤기 때문에 공자님이 왜 이런 작품들을 남기셨을까, 고민할 필요가 없었지요. 하지만 주자의 시 해석에는 음분자(淫奔者), 즉 '자유분방한 남녀'들이 대거 등장합니다. 그래서 왜 공자님이 이런 '음분시'(淫奔詩)를 남겼을까, 하는 의문이 생긴 것이지요. 특히 「위풍」, 「정풍」에는 주자가 음분자라고 지목하신 분들이 맹활약하니까요. '사무사'(思無邪)라고 하셨는데…. 고심 끝에 주자는 우리가 등장인물의 품행이 훌륭한 작품을 보면 그것을 따르고, 품행이 불량한 사람들의 노래를 보면 자신을 반성하고 고친다고 보았습니다. '아! 공자님이 우리를 이런 길로 인도하셨구나'라고 생각한 것입니다. 이런 과정을 통해서 공자님의 정치가 당대에는 행해지지 못했지만 그 가르침은 만세에 전하게 되었다는…. 그리고 이것이야말로 역사에 전해지는 위대한 '시교'라는…. 아무래도 주자는 모든 작품을 당대 정치 상황의 반영이자 풍자로 보는 '모시대서'의 시 독법이 불편했던 모양입니다.

'소서'에 얽매여 시를 읽는 관습에서 벗어나자. '시'의 내용에 충실하자! 이렇게 되면 아무래도 시는 노래하는 사람이 자신의 감정을 노래한 것이 됩니다. 정치 풍자와는 일정한 거리가 있게 되지요. 그 대신 공자님이 왜 이런 작품들을 남기셨는가, 하는 질문에 답해야 했지요. 그래서 48세(1177년) 겨울에 『시집해』(詩集解)를 완성하고 '서문'까지 썼지만, 다음 해 여름에 다시 『시집전』을 저술하기 시작한 것이 아닐까요. 아니다 싶으면 폐기하고 바로 다음 스텝으로. 대단하신 분입니다.

③-1 "그렇다면 국풍·아·송의 체가 이처럼 같지 않은 것은 왜 그렇습니까?"

"내가 들은 것은 이렇다. '시'에서 이른바 '풍'이란 것은 마을의 가요에서 나온 것이 많으니 이른바 남자와 여자가 서로 읊고 노래하여 각자 그 감정을 말한 것이다.

오직 「주남」과 「소남」만은 문왕의 교화를 직접 받은 영향으로 덕을 이루어 사람들이 모두 그 '성정의 올바름'을 얻었다. 그러므로 그 말에 나타난 것이 즐겁지만 지나치지 않았고, 슬프지만 마음이 상하는 데까지 미치지 않은 것이다. 이 때문에 「주남」, 「소남」 두 편은 풍시의 바른 기준이 되었다.

③-2 「패풍」 이하는 노래가 불려진 나라의 다스려짐과 어지러움의 상황이 같지 않고, 사람들의 어짊과 그렇지 않음 또한 달랐다. 그래서 감응하여 표현한 시에 삐뚤어짐과 바름, 옳고 그름이 일정하지 않게 되었다. 이른바 선왕의 풍은 여기에서 변하였다.

③-3 '아'와 '송'의 작품들은 모두 주나라가 시작되었을 때 조정과 교제사, 종묘제사에 쓰인 악가의 노래말이다. 그 말이 화합하고 장엄하고 그 뜻이 너그러우면서도 치밀하여, 작자가 왕왕 성인의 무리였으니, 진실로 만세의 법도가 되어 바꿀 수 없는 것이다.

③-4 '변아'에 대해 말하자면, 이것도 모두 한때의 현인·군자가 세상을 걱정하고 풍속을 안타깝게 여겨 지은 것으로, 성인(공자)이 이를 취하셨으니, 그 진실하고 근심하는 마음과 선을 펼치고 간사함을 막으려는 뜻은 더욱 후세에 문장을 잘하는 선비들이 미칠 수 있는 바가 아니다.

③-5 이것이 '시'가 '경'이 되어 아래로는 인간의 일을 충분히 표현하고 위로는 천도가 갖추어져 한 이치도 구비하지 않음이 없는 이유이다.

曰: "然則國風雅頌之體, 其不同若是, 何也?"
왈 연즉국풍아송지체 기부동약시 하야

曰: "吾聞之. 凡詩之所謂風者, 多出於里巷歌謠之作,
왈 오문지 범시지소위풍자 다출어리항가요지작

所謂男女相與詠歌, 各言其情者也. 唯周南召南,
소위남녀상여영가 각언기정자야 유주남소남

親被文王之化以成德, 而人皆有以得其性情之正. 故
친피문왕지화이성덕 이인개유이득기성정지정 고

其發於言者, 樂而不過於淫, 哀而不及於傷. 是以,
기발어언자 락이불과어음 애이불급어상 시이

二篇獨爲風詩之正經.
이편독위풍시지정경

自邶而下, 則其國之治亂不同, 人之賢否亦異,
자패이하 즉기국지치란부동 인지현부역이

其所感而發者, 有邪正是非之不齊, 而所謂先王之風者,
기소감이발자 유사정시비지부제 이소위선왕지풍자

於此焉變矣.
어차언변의

若夫雅頌之篇, 則皆成周之世, 朝廷郊廟樂歌之詞.
약부아송지편 즉개성주지세 조정교묘악가지사

其語和而莊, 其義寬而密, 其作者往往聖人之徒,
기어화이장 기의관이밀 기작자왕왕성인지도

固所以爲萬世法程而不可易者也.
고소이위만세법정이불가역자야

至於雅之變者, 亦皆一時賢人君子閔時病俗之所爲,
지어아지변자 역개일시현인군자민시병속지소위

而聖人取之, 其忠厚惻怛之心, 陳善閉邪之意,
이성인취지 기충후측달지심 진선폐사지의

尤非後世能言之士所能及之.
우비후세능언지사소능급지

此詩之爲經, 所以人事浹於下, 天道備於上,
차시지위경 소이인사협어하 천도비어상

而無一理之不具也.
이무일리지불구야

③-1은 '시'가 '국풍', '아', '송'으로 구분된 이유를 묻는 질문입니다. 주자의 대답은 '모시대서'의 산만한 내용을 정리한 듯하군요. 우선 '풍'은 민간의 남녀가 감정을 표현한 민간가요라고 합니다. 「주남」, 「소남」은 '정풍'(正風)으로 시의 '정경'(正經)이 되고요. 「패풍」부터는 '변풍'이라 하네요.

여기서 주자가 쓴 '성정지정'(性情之正)이란 단어가 중요합니다. 주자는 모든 예술의 궁극적 목표를 '성정의 바름'을 추구하는 데에 두었거든요. 「주남」, 「소남」의 경우 문왕의 교화를 직접 받은 시대의 노래이기 때문에 즐거움과 슬픔에 지나침이 없다고 합니다. 공자가 〈관저〉에 대해 언급한 '즐거우면서도 지나치지 않고, 슬퍼하지만 마음을 상하게 하지 않는다'[樂而不淫, 哀而不傷]『논어』「팔일」라는 말을 금과옥조로 삼은 것이지요.

③-2에는 '변풍'이 나옵니다. 나라의 치란과 사람의 현부에 따라 작품도 차이가 있게 되었다고요. 이런 반영론이 불편하지만, 우리 모두는 어쩔 수 없이 자신의 시대 안의 존재이기도 하지요. 어쩔 수 없이. 생각도 마음도 달라지고, 좋아하는 음악, 패션도 달라지니까요. 가끔 70년대를 생각합니다. 어떻게 그렇게 시끄러운 음악을 즐기고, 그렇게 통 넓은 바지를 입고 다녔는지, 이상합니다. 물론 지금도 송창식, 조용필의 70년대 음악을 좋아하지만요.

③-3은 '아'와 '송'을 묶어서 설명합니다. 모두 주나라가 건국된 이후에 조정과 제사에 쓴 음악이라고. 다만 시 속의 내용과 의미에 대해 화합하면서도 장엄하고, 너그러우면서도 치밀하다고 언급한 것은 동의하기 어렵군요. '정아'(正雅)와 '송'을 두고 한 말인데, 내용이 순정(純正)하지만은 않거든요. 주자가 '만세의 법도'라고 했으니 지금은 그냥 넘어가겠습니다.

③-4에서는 '변풍'과 같은 논리로 '변아'에 대해 말하는군요. 현인들이 시대의 고통에 동감하고 변해 가는 세태를 가슴 아파해서 나온 작품들이라고 합니다. 성인(공자)이 그런 작품들을 수습한 이유는 권선징악에 있다고. 혹시 공자의 '산시' 작업이 당시에 불려졌던 노래들을 정리한 수준이 아니었을까요? 이런 의문이 남지요.

③-5를 볼까요? 공자의 손을 거치면서 '시'는 '경'이 됩니다. '시' 안에 세상의 일들이 모두 스며들어 있고, 천도도 구비되어 있다고 하네요. 한 무제의 오경박사 이후 과거제가 있었던 19세기까지 '시'를 배우고 낭송해야만 '군자', '관료'가 될 수 있었지요. '삼가시'에서 말씀드렸지만 무제, 소제, 성제 시기에 출사한 인물 중에는 '시' 전공자들이 압도적으로 많았답니다. 그런 시대가 있었지요. '시'로 대화하고 마음을 나누고, 직장생활도 했던. 일부는 부귀영화도 누렸지요.

④-1 "그렇다면 이것을 배우는 것은 어떻게 해야 합니까?"

"이남(「주남」, 「소남」)에 근본하여 그 단서를 찾고, 제후국의 풍을 참고하여 그 변을 다해야 한다. 아에서 바르게 하여 그 규범을 확장하고, 송에서 화합하여 그 지극한 경지를 구해야 한다. 이것이 '시'를 배우는 큰 핵심이다.

④-2 이에 장과 구를 큰 벼리로 삼고, 훈고를 작은 벼리를 삼으며, 읊어 창달하고 충분히 흡수하여 체득해야 한다. 성정의 은미한 사이에서 살피고, 언행의 근본을 자세히 밝힌다면 몸을 닦아 집안에 미치고 천하를 안정시키는 도가 다른 데서 구할 필요 없이 여기에서 얻어질 것이다."

曰: "然則其學之也, 當奈何?"
왈　연즉기학지야　당내하

曰: "本之二南, 以求其端, 參之列國, 以盡其變.
왈　본지이남　이구기단　참지열국　이진기변

正之於雅, 以大其規, 和之於頌, 以要其止,
정지어아　이대기규　화지어송　이요기지

此學詩之大旨也.
차학시지대지야

於是乎章句以綱之, 訓詁以紀之, 諷詠以昌之,
어시호장구이강지　훈고이기지　풍영이창지

涵濡以體之, 察之情性隱微之間,
함유이체지　찰지정성은미지간

審之言行樞機之始, 則修身及家, 平均天下之道,
심지언행추기지시　즉수신급가　평균천하지도

其亦不待他求而得之於此矣."
기역부대타구이득지어차의

④-1에서는 마지막으로 이렇게 중요한 '시'를 어떻게 배울

것인가, 하는 공부 방법을 묻습니다. 필요한 질문이지요. '모시대서'에는 없는 내용입니다. 지금 우리는 한자의 철벽을 뛰어넘어 흥얼대며 가벼운 발걸음으로 읽어 가고 있습니다. 저는 그것만으로 충분하다고 생각합니다. 하지만 '공부'에 완전 진심이셨던 주자 선생님은 그럴 수 없었지요. '시'를 통해 공자의 정신과 접속해야 한다고 생각하셨으니까요. 우선, 대지(大旨)를 파악해야겠지요. 「주남」, 「소남」을 근본으로 삼아서 시 공부의 단서를 찾으라고 합니다. '성정지정'(性情之正)이지요. 그런 후에 13국의 '변풍'을 읽으면서 왜, 어떻게 이런 노래가 나오게 되었나 궁구해야 합니다. 진지하게. '아'에서 다시 한번 '정'(正)으로 바로잡아 '성정지정'의 규범을 확장해야 합니다. 물론 '정아'(正雅)가 중심이 되어야겠지요. 그런 다음 '송'에서 사람과 사람, 사람과 조상의 관계를 조율, 화합하는 길로 가야 합니다.

④-2를 보죠. 이런 어마어마한 목표를 구현하려면 우리 각자의 공부는 어떤 순서로 진행되어야 할까요? 역시 몇 단계의 학습 과정이 필요합니다. 첫번째, '시' 한 편 한 편의 장과 구절을 세심히 읽으며 '훈고'(訓詁)해야 합니다. '훈고'는 글자 하나하나, 글자가 모인 구절 하나하나의 뜻을 파악하는 것이지요. 제대로 빈틈없이. 흔히 '한학'(漢學), 한왕조의 경학을 '훈고학'이라 하는데, 글자 뜻풀이를 중시했기 때문입니다. 우리의 『시

경』 공부도 글자 풀이부터 하고 있지요. 단어, 구절, 모두 풀어야만 맥락을 알 수 있으니까요.

다음은 '풍영'(諷詠), 소리 내어 읊조리는 단계입니다. 낭독, 낭송하면서 외우는 것이지요. 옛 어른들은 몸을 앞뒤로 가볍게 흔들면서 리듬에 맞춰 낭송하셨지요. 지금은 모든 책을 묵독(默讀)하고 빨리 읽기 때문에 낭송의 공부법에서 멀어지고 말았지만요.

여러 번 읽고 외우는 과정에서 리듬을 타고 '시'가 몸으로 서서히 흡수되지요. 이것이 '함유'(涵濡)입니다. '젖을 함'(涵), '젖을 유'(濡) 자인데요, 주자가 공부법에서 애용하는 단어입니다. 주자는 '함유', '함영'(涵泳), '잠영'(潛泳), 이런 단어들을 좋아하는데요. 모두 책의 내용에 몸과 마음을 푹 담그라는 거지요. 푸우욱~ 그런 과정을 통해야만 책 내용이 우리의 신체에 깊게 새겨지게 됩니다. '체'(體)! 몸으로 이해하고 체득하는 공부법입니다. 머리로 아는 것으로는 핵심에 다가갈 수 없지요.

'시'를 몸에 서서히 흡수시키면 어떻게 될까요? 내면의 은미한 움직임을 감지할 수 있고, 말과 행동의 출발점을 살필 수 있답니다. 지금 이 과정을 한 단어로 표현하면? 네 그렇습니다. '신독'(愼獨)입니다. 주자의 '신독'은 다른 사람은 알 수 없는 내 마음의 움직임을 내가 파악하고 관리하는 것이지요. 나의 '성

정'이 외물에 감응하는 순간부터 삐뚤어짐[邪], 잘못[非]이 없게 하는 것입니다. 이것이 『대학』의 '성의'(誠意), '정심'(正心)이고 '수신'(修身)이지요. 주자는 「시집전서」를 『대학』의 '수신 제가치국평천하'(修身齊家治國平天下)로 마무리합니다. '수신'의 길을 '시' 공부를 통해 체득할 수 있다고요.

하긴 우리가 왜 이런저런 공부를 하면서 '수신'과 '수행'을 할까요? 무엇보다 가족, 친구, 그리고 이 세계와 원만히 어울려 사는 삶을 원하기 때문이지요. 그런데 주자는 '시'를 공부하면 가능하다, 다른 데서 찾지 말라고 하는군요. 네, 그렇습니다. '흥어시'(興於詩)! '시'를 읽고 낭송하는 과정에서 우리의 감흥, 감성이 풍부해지고 공감 능력이 무한대로 확장된다면? 어떤 상황에 직면하든지 마음의 흔들림이 없겠지요. 자연히 발걸음도 가벼워지겠군요. 멋진 인생입니다.

⑤-1 이에 묻는 자가 '예예' 하고 물러갔다.

나는 이 당시 막 '시전'을 편집하고 있었으므로 인하여 이 말을 모두 차례로 엮어서 이 편의 머리말로 삼는 바이다.

⑤-2 순희 4년 정유년 겨울 10월 무자일에 신안 주희는 서문을 쓰노라.

問者唯唯而退.
문 자 유 유 이 퇴

余時方輯詩傳, 因悉次是語, 以冠其篇云.
여 시 방 집 시 전   인 실 차 시 어   이 관 기 편 운

淳熙四年丁酉冬十月戊子, 新安朱熹, 序.
순 희 사 년 정 유 동 십 월 무 자   신 안 주 희   서

순희 4년은 서기 1177년으로 주자가 48세 되던 해입니다. 그런데 이 해는 주자가 『시집전』을 완성한 해가 아닙니다. 『시집전』은 10년쯤 뒤인 57세(1186년)에 완성하고 판각했으니까요. 이 해 봄에 『역학계몽』(易學啟蒙)도 완성하셨는데, 이분의 무한대에 가까운 능력을 생각하면 숨이 헉, 막히지요.

'시'에 관한 이런저런 언급이 길어지고 말았습니다. 원래는 '삼가시'와 '모시' 그리고 '모시대서'와 「시집전서」의 내용을 간략히 말씀드릴 생각이었는데. 이렇게 되고 말았습니다. 끝까지 함께해 주셔서 고맙습니다. 다음 『시경 강의』 4에서는 「제풍」(齊風), 「진풍」(陳風), 「조풍」(曹風)의 작품들을 묶어서 읽겠습니다.